孩子
愿你遇见
所有美好

叶顶　编著

人民东方出版传媒
People's Oriental Publishing & Media
東方出版社
The Oriental Press

图书在版编目（CIP）数据

孩子，愿你遇见所有美好 / 叶顶编著. —北京：
东方出版社，2022.8
ISBN 978-7-5207-2791-4

Ⅰ. ①孩… Ⅱ. ①叶… Ⅲ. ①家族教育 Ⅳ. ① G78

中国版本图书馆 CIP 数据核字（2022）第 081221 号

孩子，愿你遇见所有美好
（HAIZI YUANNI YUJIAN SUOYOU MEIHAO）

作　　者：叶　顶
策划编辑：鲁艳芳
责任编辑：杭　超
出　　版：东方出版社
发　　行：人民东方出版传媒有限公司
地　　址：北京市西城区北三环中路 6 号
邮政编码：100120
印　　刷：天津图文方嘉印刷有限公司
版　　次：2022 年 8 月第 1 版
印　　次：2022 年 8 月北京第 1 次印刷
开　　本：880 毫米 ×1230 毫米　1/16
印　　张：8
字　　数：161 千字
书　　号：ISBN 978-7-5207-2791-4
定　　价：49.80 元
发行电话：（010）85924663　85924644　85924641

目 录

CONTENTS

第二章 健康成长

第三章 读书治学

爱、真实、长远，照亮孩子未来的路

邹超颖

家风是一种无言的教育，润物无声地影响孩子的心灵。家长们都希望孩子健康成长，但有的家长不知道怎么教育孩子，这本《孩子，愿你遇见所有美好》可以给父母提供一个很好的途径，去了解两代之间到底该如何良好地沟通。本书集结了中外名人写给子女的家书，每一封信都打开了一个栩栩如生的真实场景和教子画面。时间横跨三千余年，覆盖中外名人的这几十封家书，既有父母对子女无限的爱与充满智慧的训诫，又有子女对父母浓浓的牵挂与不为人知的柔软。细细品读，我发现这些家书中藏着三块“金子”：爱、真实、长远，这对孩子的成长之路至关重要。

金子一：亲人之间的强纽带——爱

与西方人相比，中国人在表达感情方面是倾向于含蓄的。但也许正因此，当我们读到文字中透露出那些爱与温暖的时候，就会特别动容。父母对子女也好，子女对父母也罢，一份血缘的关系中更是浓浓的化不开的爱意。

南北朝时期北周权臣宇文护的母亲阎姬，在北周建立之前，被北齐幽禁作为人质，母子这一分别就是三十五年。直到后来北周日渐强大，北齐被北周与突厥合围，北齐皇帝不得不以归还人质的方式来求和，并请人代阎姬写了一封名为《为阎姬与子宇文护书》的家书。

在这封家书的开篇，“天地隔塞，子母异所，三十余年，存亡断绝，肝肠之痛，不能自胜”，短短二十四个字，道尽了一位母亲被迫与儿子分离不得相见的痛楚与思念。当时的阎姬已经年过八十，在远离故土、远离亲人的北齐，一个人孤单地过着被幽禁的生活，我想也许阎姬已经心如死灰，想着永远无法再见到自己的儿子了。

北齐的求和无疑给阎姬带来了巨大的希望，对儿子强烈的思念和爱让她无法再多思考一分北齐皇帝请人代她写这封家书的用意，于是我们在这封书信中看到了阎姬提到了很多宇文护年少时的故事。子欲养而亲不待，无疑是人间悲剧。看到这封信的宇文护又如何能不动容，在收到信后，宇文护同样回了一封感人至深的信并迎回老母亲阎姬。

虽然后来北齐求和的意图并没有实现，但不得不说阎姬的这封家书起到了一些作用，在宇文护掌权期间，一定程度上保全了北齐。是出于对当时母亲能够归国团聚的感激还是不忍战乱导致更多的骨肉分离，我们不得而知。一封代笔的家书，也许有权谋的私心，但是更多的还是浓浓的爱与思念，我想这份爱是后来这一切发生的关键所在。

一般来说，母亲对孩子的爱是温柔绵长的，而父亲对孩子的爱却要含蓄隐秘许多。但是在《孩子，愿你遇见所有美好》中我却出乎意料地看到了一封书信，这封书信中的父亲居然也表现出了像母亲一样的无限温柔，这位父亲还是一位皇帝——康熙皇帝。康熙皇帝在征战途中写给当时的太子胤礽的这封信并不长，开始简单地叙述了一下自己征战的状况，而后表达思念之情。康熙皇帝让太子把自己穿过的衣服捎来，“以便皇父想你时穿上”。

末尾的这一句，我们仿佛看到的不是那个八岁登基、十四岁亲政，在位六十一年，开创出“康乾盛世”的铁腕皇帝，而是一个活生生的人，一个与平常百姓无异的父亲。这样的舐犊之情令人感动。在亲情与爱面前，大概我们都会展示出最柔软的一面。

这世上，最愉悦快乐的时刻与爱有关，最伤心痛苦的时刻也与爱有关。爱是治愈心灵的良药。这是这些家书送给我们的第一块金子。

金子二：为人做学问的准则——真实

人这一生，最不可停止的就是学习与成长，这点在本书中也有较多体现。名人和大家们很重视子女的学习，但这种重视不似如今的家长给孩子报各种辅导班、特长班，而是体现在点到为止，“我站在父亲的角度对你提出训诫及期望，但是否去做、如何去做、做到什么样的程度那是由自己去把握的”这一分明的界限是非常值得我们学习的。

诸葛亮的《诫子书》用短短八十五个字就给儿子诸葛瞻上了九堂人生课，这短短的八十五个字包含了宁静、节俭、计划、学习、增值、速度、性格、时间管理、想象九个方面的论述，可谓是诸葛亮对自己一生经历的精华总结。把为人做学问的哲学传递给儿子，饱含了殷切的希望，告诫儿子不学习就无法增长才干，不能停止学习。

与诸葛亮教子类似的是南朝梁武帝萧衍的第三子萧纲，他在写给儿子萧大心的家书中说："若使墙面而立，沐猴而冠，吾所不取"，意思就是人如果不学习，就好像面对着墙壁站立，什么都看不见；又好像猴子戴着帽子，只是学个人样；这些都是我不赞同的。为人做学问就要踏踏实实的，不能不去学习，也不要只学个皮毛，而是要沉下心来好好钻研自己的学问。

在为人做学问上，近代著名的思想家、教育家陶行知先生说得最为透彻。他在 1941 年写给二儿子陶晓光的书信中，明确告诫儿子要"追求真理做真人"，不可丝毫妥协。

这封信的起因是这样的，陶晓光当时到成都一家无线电厂应聘做技术员，厂方要求提供学历证明。陶晓光虽然在无线电方面颇有造诣，但是却没有上过正规的公办学校，也就没有国家的正式文凭。于是陶晓光写信向育才学校的副校长马侣贤求助，马侣贤知道陶行知要是知道肯定不会答应，就偷偷给陶晓光寄去了一张假毕业证。

陶行知知道这事后，就赶紧写了一封信给陶晓光，制止了儿子弄虚作假，提出了"追求真理做真人"的训诫。作为当时影响力巨大的教育家，为儿子随便谋个好差事并不是难事，但是陶行知始终坚持堂堂正正做人，无论是对待学问还是为人处世，都离不开一个真字。这样的真就是放在如今也是非常难得的。

所以，从这些家书中我们挖掘到的第二块金子是，做人做学问都要带着真心、带着真实。

金子三：生活处世的智慧——长远

这个远字，代表的是一种长远的眼光。目光放得长远，格局就会变大，人生不至于狭隘。

明朝有一位母亲叫郑淑云，她在家书中对自己的孩子说，人生难免遭遇困顿，而困顿并不是对人完全没有好处的。正视人生的困顿，把目光放长远，就能自强自立，从困顿中走出，于困顿中收获果实。不得不佩服这位母亲如此豁达的人生态度，她用家书安慰了儿子的同时还把人生重要的智慧也带给了儿子。

关于“目光要长远”的这项智慧，在著名翻译家、作家傅雷的家书中也有真切的体现。这封家书是傅雷写给儿子傅聪的，傅聪是著名钢琴大师，常年在国外演出。因为职业的关系，经常会犯手筋痛的毛病。傅雷就从这一点入手，告诫儿子要适时地懂得休息，年轻力壮的时候不要太逞强。无论是精力、体力还是感情都要想法做到细水长流，都用更长远的目光去看，不要一下子竭尽。

对于这一点的确深有体会，作为年轻人，往往在生活处世上会略显轻飘，不够沉稳。很多时候仗着年轻，熬夜、打游戏，损伤自己的身体而不自知。在处世上，也容易不留余地。从长远来看，这些确实都不是好的事情。毕竟，万事万物均有平衡，更所谓山水轮流转。所以，这些长辈的生活智慧值得我们好好斟酌、体悟。

人生不是一场短跑，而是一场马拉松。我们不能在前段就把精力耗尽，而无力应对后段的比赛。以一种更长远的目光去看待这场马拉松，就能更加合理地布局我们的人生。这是家书给我们的第三块金子。

家书总是充满着温度，轻易就能触动人最柔软的内心深处。爱、真实、长远，这三块从几十封家书中挖掘出的金子，历久弥新，照亮孩子的成长之路。

第一章 做人处世

有德的人亲情上不松弛

◎周公

❶ 有德的人亲情上不松弛

——周公《诫伯禽书》

【导读】

周公（约前1100），姓姬名旦，西周初期杰出的政治家、军事家和思想家。周公曾先后辅助周武王灭商、周成王治国。武王死后，成王年幼，由他摄政当国。周公摄政七年，提出了各方面的根本性典章制度，完善了宗法制度、分封制、嫡长子继承法和井田制，对中国历史的发展产生了深远影响。《诫伯禽书》是中国历史上的第一封家书，由周公写给儿子伯禽。

❖【正文】

君子不施[1]其亲，不使大臣怨乎不以[2]。故旧无大故则不弃也，无求备于一人。

君子力如牛，不与牛争力；走如马，不与马争走；智如士，不与士争智。

德行广大而守以恭者，荣；土地博裕[3]而守以俭者，安；禄位[4]尊盛而守以卑者，贵；人众兵强而守以畏者，胜；聪明睿智而守以愚者，益；博文多记而守以浅者，广。去矣，其毋以鲁国骄士矣！

❖【注释】

[1] 施（chí）：同“弛”，怠慢、疏远。

[2] 以：用。

[3] 博裕：广阔富饶。

[4] 禄位：俸禄与爵位，后泛指官位。

❖【点评】

如何做一个有德的人

这是中国历史上的第一封家书，在这封家书里，周公首先教育儿

子“君子不施其亲”，意思是有德的人不会怠慢他的亲戚，提醒儿子姬禽不要因为去鲁国就与亲戚都疏远了。用现代人的话举例，就是不要以自己工作繁忙为由长期疏远自己的父母，要常回家看看或者常打电话，因为一个有德行的人首先在亲情上不能松弛。

接着，周公教导儿子与大臣相处和用人的方法，“不使大臣怨乎不以。故旧无大故则不弃也，无求备于一人” 。告诉儿子在鲁国不要让自己的功臣抱怨，而应用恩德让大家劳而不怨。如果大臣没有大的过错就不要轻易弃用他们，也不要将过错全算到一个人的身上。

周公教育儿子要注意谦让，表示一个有德行的人不会处处与别人争胜负，即“君子力如牛，不与牛争力；走如马，不与马争走；智如士，不与士争智” 。

在信的最后，周公反复教导儿子要牢记态度谦恭、生活节俭、内心要存有敬畏等做人的道理，让儿子不要以为受封在鲁国这样的好地方，就有理由骄横跋扈而瞧不起别人。

老萍

勇于承认自己的错误，
才会不断得到提高

◎王阳明

② 勇于承认自己的错误，才会不断得到提高

——王阳明《赣州书示四侄正思等》

【导读】

王阳明（1472—1529），字伯安，号阳明，谥文成，余姚（今属浙江）人。明代著名的思想家、哲学家、书法家兼军事家、教育家。王阳明是明代心学集大成者，阳明心学后来还传入日本、朝鲜等国，影响非常广泛。其弟子极众，世称姚江学派，著有《王文成公全书》等。

❖【正文】

近闻尔曹学业有进，有司考校，获居前列，吾闻之喜而不寐[1]；此是家门好消息。继吾书香者，在尔辈矣。勉之，勉之！吾非徒望尔辈但取青紫，荣身肥家，如世俗所尚[2]，以夸市井小儿！尔辈须以仁礼存心，以孝弟为本，以圣贤自期。务在光前裕后，斯可矣。

吾惟幼而失学无行，无师友之助，迨今中年，未有所成，尔辈当鉴吾既往，及时勉力，毋又自贻他日之悔，如吾今日也。习俗移人，如油渍面，虽贤者不免；况尔曹初学小子，能无溺乎？然惟痛惩深创，乃为善变。

昔人[3]云："脱去凡近，以游高明"，此言良足以警，小子识之！吾尝有立志说，与尔十叔，尔辈可以抄录一通，置之几间，时一省览，亦足以发；方虽传于庸医，药可疗夫真病，尔曹勿谓尔伯父只寻常人尔，其言未必足法；又勿谓其言虽似有理，亦只是一场迂阔之谈，非吾辈急务；苟如是，吾未如之何矣。读书讲学，此最吾所宿好，今虽干戈扰攘中，四方有来学者，吾亦未尝拒之，所恨牢落尘网，未能脱身而归。今幸盗贼稍平，以塞责求退，归卧林间，携尔曹朝夕切磋砥砺，吾何乐如之！偶便，先示尔等，尔等勉焉！毋虚吾望，正德丁丑，四月三十日。

❖【注释】

[1] 寐：睡觉。

[2] 尚：推崇。

[3] 昔人：此处指宋人谢良佐。

❖【点评】

人孰无过？改之为贵

听说孩子们的学业有进步，身在“干戈扰攘”中的王阳明备感欣慰，他在这封信中说：“听说你们近来的学业有进步，在秀才考试中名列前茅，我高兴得夜不能寐，这是我们家中的好消息啊！继承读书的家风，就靠你们了。”

不过，在他看来，读书为学的目的不在做官肥家、谋取荣华富贵，而在于确立高尚的道德人格，这才是“家门好消息”，才是能“继吾书香”的好子弟：“我不只是希望你们能当大官，光宗耀祖，显赫门庭，使家中富裕起来，像世俗所推崇的那样，在老百姓中夸耀你们；而且期望你们把仁礼记在心中，以孝顺父母、友爱兄弟为根本，努力向圣贤学习。”

勇于改过，以改过为贵，也是王阳明所提倡的优良家风。王阳明在这封信中以自己年幼时的经历为例，告诫孩子们要努力学习，勇于改过："我因为幼年失学，没有得到师友的帮助，等到今日不觉已经中年了，没有建树，你们一定要以我过去的经历作为借鉴，努力学习，不要等到将来吃后悔药，像我今天这样的感受。习惯会慢慢影响一个人，如同油会浸到面里一样，贤者也不能避免。况且你们只是初入学途的晚辈，能够不受世俗的引诱吗？但是，只要勇于承认自己的错误，改正自身的缺点，一定能够不断得到提高。"

王阳明在另一份《寄诸弟》的家书中，也特别强调了"改过为贵"的理念："人孰无过？改之为贵。"意思是：谁能没有错误呢？改正错误是最可贵的。

不要因儿女情长而荒废学业

◎林则徐

③ 不要因儿女情长而荒废学业

——林则徐致儿子林汝舟的信

【导读】

林则徐（1785—1850），福建侯官（今福建福州）人，近代著名的政治家、思想家和诗人，曾任湖广总督、陕甘总督和云贵总督，两次受命钦差大臣。因其主张严禁鸦片，在中国有“民族英雄”之称。1840 年，林则徐以钦差大臣的身份赴广东主持禁烟后，除了给妻子写了平安家书之外，还给在北京的长子写了信，这封家书是林则徐在广东禁烟期间写给大儿子林汝舟的。

❖【正文】

大儿知悉：

接来信，知吾儿三载在外，十月内将回籍一次，并顺道沿海路来粤一游，甚为欣慰。吾儿三载离乡，汝母汝妇，虽在家安居，然或则倚闾望儿，或则登楼思夫。客子归乡，天伦之乐融如。吾儿有此家思，不以外物而撄情，为父殊深喜许。

父十一载在外，虽坐八轩，食方丈，意气豪然；然一念及家中状况，觉居官虽好，不如还乡。特以君恩深重，公务冗忙，有志未能申耳。吾儿在都，位不过司务，旅进旅退，毫无建树；而一官在身，学业反多荒弃，诚不如暂时回籍之尚得事母持家，且可重温故业，与古人为友，足以长进学识也。

男儿读书，本为致君泽民，然四十而仕，尚未为迟，吾儿年方三十，不过君恩高厚，徼幸[1]成名，何德能才，而能居此？交友日益多，志气日益损，阅历未深，而遽服官，实非载福之道。为父平日所以不言者，恐阻汝壮志，长汝暮气。今吾儿既日知汲长绠短，思告假回籍，孝以事母，静以修学，实先得吾心，又何阻为？惟有一言嘱汝者，服官时应时时作归计，勿贪利禄，勿恋权位；而一旦归家，则又应时时作用世计，勿儿女情长，勿荒弃学业，须磨励自修，以为一旦之用，是则用舍行藏，无施不可矣？吾儿其牢记之。

迩来身体如何？须加意当心。父年事虽高，然精神甚旺，饭量更较前增高；汝母在家，亦甚康健，可勿深念。汝弟秋闱，虽蒙荐卷，未能入彀，此正才力不足，未可怨天尤人。闻甚郁抑，吾儿寄家书时，可以善言婉劝之，父有不便言焉。来书字迹颇潦草，何匆促至是？后宜戒之。

【注释】

[1] 徼幸：徼通“侥”。希望获得意外成功；由于偶然的原因而得到成功或免去灾害。

【点评】

先“做人”，再“处世”

林则徐在外做官，家书是他教育子女的主要方式。在这封家书中，林则徐谈到了自己为官多年的感受，感觉做官虽好，终究不如还乡安居，只是因为君恩深重，自己还有未完成的志向。他告诉儿子做官与做学问的道理，不要贪图利禄，更不要贪恋权位，不能贪恋儿女情长，更不能荒废学业，应该时刻以事业为重，为世人做出一番事业。

鸦片战争前夕，林则徐针对世风日下的时弊，也为了规整自己和他人的行为方式，于 1839 年 9 月巡视澳门后，在前山写了《十无益格言》，这既是林则徐修身做人的准则，也是他以德存世的范本：存心不善，风水无益；不孝父母，奉神无益；兄弟不和，交友无益；行止不端，读书无益；作事乖张，聪明无益；心高气傲，博学无益；时运不通，妄求无益；妄取人财，布施无益；不惜元气，服药无益；淫恶肆欲，阴骘（zhì）无益。

《十无益格言》其实是教人先学会“做人”，然后再讲“处世”，正因为林则徐有了这样的正确认识，才能在那个年代抒写了“苟利国家生死以，岂因祸福避趋之”的壮丽篇章，也才有了“海纳百川，有容乃大”的宽广胸怀，成为中国近代“开眼看世界的第一人”，在历史上写下了浓墨重彩的一笔。

尽自己最大的努力，才能无愧于父母

◎ 徐媛

④ 尽自己最大的努力，才能无愧于父母

——徐媛《训子书》

【导读】

徐媛，生卒年不详，字小淑，明代长洲（今江苏苏州）人，著名书画家范允临的妻子，女作家。她好吟咏，与吴县才女陆卿子唱和，吴中士大夫望风附景，交口称誉，传于海内，称“吴门二大家”，著有《络纬吟》。《训子书》是徐媛写给年近20岁的儿子的一封书信。

❖【正文】

儿年几弱冠[1]，懦怯无为，于世情毫不谙练[2]，深为尔忧之。男子昂藏六尺于二仪间，不奋发雄飞而挺两翼，日淹岁月，逸居无教，与鸟兽何异？将来奈何为人？慎勿令亲者怜而恶者快！兢兢业业，无怠夙夜，临事须外明于理而内决于心。钻燧取火，可以续朝阳；挥翮[3]之风，可以继屏翳[4]。物固有小而益大，人岂无全用哉？习业当凝神伫思，戢[5]足纳心，鹜精于千仞之颠，游心于八极之表；浚[6]发于巧心，摅[7]藻为春华，应事以精，不畏不成形；造物以神，不患不为器：能尽我道而听天命，庶不愧于父母妻子矣！循此则终身不堕沦落，尚勉之励之，以我言为箴，勿愦愦于衷，勿朦朦于志。

❖【注释】

[1] 弱冠：古时男子 20 岁之前称为弱冠。

[2] 谙练：熟习；熟练，明晓事理。

[3] 翮：鸟翎的茎，翎管，羽毛。

[4] 屏翳：古代汉族传说中的神名，文中之意指可以产生巨大的作用。

[5] 戢：收敛，收藏，戢足指停止脚步。

[6] 浚：疏通，挖掘。

[7] 摅：发表或表示出来。

❖【点评】

尽自己最大的努力，听从天命的安排

在这篇家训里，作者勉励儿子要有所作为，千万不要自暴自弃：“作为一个堂堂的男子汉，以六尺的身躯屹立于天地之间，却不能像鸟儿一样伸展开双翅发奋图强地翱翔于天际，整天虚度光阴，贪图享乐，这与禽兽有什么区别呢？待到成人之后又怎么做人，正常地生活下去呢？千万不要让亲人痛惜而让仇人称快。世间的东西有大有小，起到的作用也不尽相同，作为一个人怎么会是毫无用处的呢？”

在谈学习和做事时，作者告诉儿子既要专心致志，又要心胸开阔，别太在意成败：“学习要聚精会神，专心致志……处世只要处处精细，不怕不成形；造物要用心，不患不成器。尽自己最大的努力，听从天命的安排，才可无愧于父母、妻子。这样做下去，就可终身不会堕落。希望你勉励自己，把我的话当作箴言，不要心中糊涂、志向不明。”

作者虽然爱子心切，但认为事业的成败并不能完全取决于主观意愿，做到尽力而问心无愧便可，就像流行语所说，“你只管努力和善良，上天自有安排”。这样的见解既能激发人的志气，又是实事求是的，值得每个家长和孩子学习。

要吃得苦，才能站得住

◎梁启超

⑤ 要吃得苦，才能站得住

——梁启超写给女儿梁思顺的信

【导读】

梁启超（1873—1929），中国近代著名的思想家、政治家、教育家。梁启超幼年时从师学习，8岁学为文，9岁能缀千言，17岁中举。后师从康有为，成为中国近代维新派的主要代表人物之一。梁启超不仅唤起了一个时代的觉醒，促进了近代中国的发展，而且他在教育子女方面也非常成功。“一门三院士，满门皆才俊”，梁启超的九个孩子，个个成才，其中有三个还是中国科学院院士，这与梁启超对他们的教育培养有密切的关系。这是1927年梁启超给大女儿梁思顺的一封信。

❖【正文】

顺儿[1]：

我看见你近日来的信，很欣慰。你们缩小生活程度，暂在坎搌一两年，是最好的。你和希哲都是寒士家风出身，总不要坏自己家门本色，才能给孩子们以磨练人格的机会。生当乱世，要吃得苦，才能站得住，一个人在物质上的享用，只要能维持着生命便够了。至于快乐与否，全部是物质上可以支配。能在困苦中求快活，才真是会打算盘哩。何况你们并不算穷苦呢？拿你们比你们的父母，已经舒服多少倍了，以后困苦日子，也许要比现在加多少倍，拿现在当作一种学校，慢慢磨练自己，真是再好不过的事，你们该感谢上帝。

你好几封信提小六还债事，我都没有答复。我想你们这笔债权只好算拉倒罢。小六现在上海，是靠向朋友借一块两块钱过日子，他不肯回京，即回京也没有法好想，他因为家庭不好，兴致索然，我怕这个人就此完了。除了他家庭特别关系以外，也是因中国政治太坏，政客的末路应该如此。古人说："择术不可不慎"，真是不错。但亦由于自己修养功夫太浅，所以立不住脚，假使我虽处他这种环境，也断不至像他样子。他还没有学下流，到底还算可爱，只是万分可怜罢了。

我们家几个大孩子大概都可以放心，你和思永[2]大概绝无问题了。思成呢，我就怕因为徽音的境遇不好，把他牵动，忧伤憔悴是容易消磨人志气的。即如目前因学费艰难，也足以磨人，但这是一时的现象，还不要紧，怕将来来日方长。我所忧虑者还不在物质上，全在精神上。我到底不深知徽音胸襟如何，若胸襟狭窄的人，一定抵挡不住忧伤憔悴，影响到思成，便把我的思成毁了。你看不至如此吧！关于这一点，你要常常帮助着思成注意预防。总要常常保持着元气淋漓的气象，才有前途事业之可言。

思忠[3]呢，最为活泼，但太年轻，血气未定，以现在情形而论，大概不会学下流，我们家孩子断不至下流，大概总可放心。只怕进锐退速，受不起打击。他所择的术——政治军事，又最含危险性，在中国现在社会做这种职务很容易堕落。即使他这次想回国，虽是一种极有志气的举动，我也很夸奖他，但是发动得太孟浪了。这种过度的热度，遇到冷水浇过来，就会抵不住。从前许多青年的堕落，都是如此。我对于这种志气，不愿高压，所以只把事业上的利害慢慢和他解释，不知他听了如何？这种教育方法，很是困难，一面不可以打断他的勇气，一面又不可以听他走错了路，走错了本来没有什么要紧，聪明的人会回头另走，但修养功夫未够，也许便因为挫折而堕落。所以我对于他还有好几年未得放心，你要就近常察看情形，帮着我指导他。

今日没有功课，心境清闲得很，随便和你谈谈家常，很是快活。要睡觉了，改天再谈罢。

民国十六年五月十三日

❖【注释】

[1] 顺儿：梁思顺（1893—1966），诗词研究专家，梁启超长女。

[2] 思永：梁思永 (1904—1954)，1904 年生于上海，中国现代考古学家，梁启超次子，近代田野考古学的奠基人之一，中国近代考古学和近代考古教育开拓者之一。

[3] 思忠：梁思忠（1907—1932），梁启超三子，1907 年出生于日本，早年在清华大学毕业后赴美国留学，先后在弗吉尼亚军事学院和西点军校学习。20 世纪 30 年代初，梁思忠毕业回国加入国民革命军，在 1932 年的一·二八淞沪抗战中，驻防上海的十九路军浴血奋战，身为炮兵上校的梁思忠表现相当出色。可惜此后不久，梁思忠却在战斗中不慎喝了路边的脏水，结果患上腹膜炎并贻误治疗时机而不幸去世，年仅 25 岁。

❖【点评】

教育孩子的“度”要恰到好处

梁启超一生留下了 2000 多封书信，其中有 300 多封信是写给子女的。子女个个成才，这和梁启超对他们的教育培养有密切的关系。虽然梁启超的公务非常繁忙，但他在百忙中又十分重视对孩子们的教育，对孩子们非常慈爱却又毫不溺爱。

在这封信里面，梁启超对大女儿梁思顺说“要吃得苦，才能站得住”，让她把困难当磨炼，只有“能在困苦中求快活，才真是会打算盘”。梁启超特别重视对孩子进行挫折教育。在这封给顺儿的信中，

阿芝

梁启超表示，“思忠呢，最为活泼，但太年轻，血气未定”“只怕进锐退速，受不起打击”。梁启超的方法是“不愿高压”，只把事业上的利害慢慢和他解释，让他“一面不可以打断他的勇气，一面又不可以听他走错了路”。1923 年 5 月，梁思成不幸被汽车撞折腿骨住院，至少要推迟一年去美国留学，他为此焦虑不安。为此，梁启超专门写信给思成说：“人生之旅历途甚长，所争决不在一年半月，万不可因此着急失望，招精神上之萎萇。汝生平处境太顺，小挫折正磨练德性之好机会，况在国内多预备一年，即以学业论，亦本未尝有损失耶。”

梁启超既是孩子们的慈父、导师，又是亲密的朋友。正如他自己所说：“在家里头，像你们有我这样一位爹爹，也属人生难得难遇的幸福。”的确如此，梁启超在家庭教育方面做得颇为得体，不仅内容丰富，而且方法极为科学。他在教育孩子方法的“度”上掌握得恰到好处。他对孩子爱而不溺，严而不苛，引导而不指令；既有共同的要求，又充分尊重孩子的个性发展等。在家庭教育上堪称模范，值得父母借鉴。

做人要做最上等的人

◎胡适

6 做人要做最上等的人

——胡适写给儿子胡祖望的信

【导读】

胡适（1891—1962），安徽绩溪人，著名学者、诗人，以提倡文学革命、倡导白话文著称于世。胡适兴趣广泛，著述丰富，在文学、哲学、史学、考据学、教育学、伦理学、红学等诸多领域都有深入的研究。这是长子胡祖望10岁要去苏州读书时，胡适给他写的第一封书信。

❖【正文】

祖望：

你这么小小年纪，就离开家庭，你妈和我都很难过。但我们为你想，离开家庭是最好办法。第一使你操练独立的生活；第二使你操练合群的生活；第三使你自己感觉用功的必要。

自己能照应自己，服侍自己，这是独立的生活。饮食要自己照管，冷暖要自己知道。最要紧的是做事要自己负责任。你功课做得好，是你自己的光荣；你做错了事，学堂记你的过，惩罚你，是你自己的羞耻。做得好，是自己负责任。做得不好，也是你自己负责任。这是你自己独立做人的第一天，你要凡事小心。

你现在要和几百人同学了，不能不想想怎么样才可以同别人合得来，人同人相处，这是合群的生活。你要做自己的事，但不可妨害别人做事。你要爱护自己，但不可妨害别人。能帮助别人，需要尽力帮助人，但不可帮助别人做坏事。如帮人作弊，帮人犯规则，都是帮人做坏事，千万不可做。

合群有一条基本原则，就是要时时替别人想想，时时要想想："假使我做了他，我应该怎样？""我受不了的，他能受得了吗？我不愿意的，他愿意吗？"你能这样想，便是好孩子。

你不是笨人，功课应该做得好。但你要知道世上比你聪明的人多得很。你若不用功，成绩一定落后。功课及格，那算什么？在一班要赶上一班的最高一排。在一校要赶在一校的最高一排。功课要考最优等，品行要列最优等，做人要做最上等的人，这才是有志气的孩子。

但志气要放在心里，要放在功夫里，千万不可放在嘴上，千万不可摆在脸上。无论你志气怎样高，对人切不可骄傲，无论你成绩怎么好，待人总要谦虚和气。你越谦虚和气，人家越敬你爱你。你越骄傲，人家越恨你，越瞧不起你。

儿子，你不在家中，我们时时想念你，你自己要保重身体，你是徽州人，要记得“徽州朝奉[1]，自己保重”。

你要记得下面的几件事：

1. 不要买摊头上的食物，微生物可怕！

2. 不要喝生水冷水，微生物可怕！

3. 不要贪凉。身体受了寒冷，如同水冰不流，如同汽车上汽油冻住了汽车便开不动。许多病是这样来的。

4. 有病赶快寻医生。头痛是发热的表示，赶快试验温度表（寒暑表），看看有无热度。

5. 两脚走路觉得吃力时，赶快请医生验看，怕是脚气病。脚气病是学堂里常有的，最可怕，最危险。

6. 学校饮食里的滋养料不够，故每日早起须吃麦精一匙。可试用麦精代替糖浆，涂在面包上吃吃看。

这几条都是很重要的，千万不要忘记。

你寄信给我们，也须编号数，用一本簿子记上，如下式：

家信苏州第一号 0 月 00 日寄

苏州第二号 0 月 00 日寄

你收的家信，也记在簿上：

爸爸苏州第一号 八月廿七日收

爸爸苏州第二号 0月00日收

妈妈第三号 0月00日收

儿子，不要忘记我们，我们不会忘记你。努力做一个好孩子。

爸爸

十八年八月廿六日夜

❖【注释】

[1] 朝奉：朝奉本是一种古老的官职。随着徽人在商业领域的重大影响力，“朝奉”便成了徽州商人的统称，甚至发展到把店老板和店倌儿都称为“朝奉”。在古徽州，即今天的安徽南部山区，朝奉却是一种普遍使用的称谓，徽州人口中的朝奉、孺人，相当于今人惯用的先生、太太。

❖【点评】

立志要远大，待人要谦和

胡祖望是胡适的长子，才10岁时，胡适就教导他这些朴素却又近乎真理的人生道理。胡适在信中开宗明义，主要强调三点：操练独立的生活、操练合群的生活、感觉用功的必要。此外，胡适还不厌其烦地交代衣食住行等生活方面的细节，使其养成良好的生活习惯，

吉祥

注意身体健康，关怀可谓无微不至。

胡适希望孩子要立下远大志向，做最上等的人：“功课要考最优等，品行要列最优等，做人要做最上等的人，这才是有志气的孩子。”望子成龙，望女成凤，是每一位中国家长的心愿，也是人之常情，尽管在有些人看来，胡适对儿子的过高要求，他们内心可能并不接受：做不了参天大树，就做一株小草；不能做一块有用的奠基石，就做一块普通的铺路石；当不了光芒闪耀的太阳，就当一只萤火虫。

胡适同时提醒他儿子不要目中无人，要待人谦和：“无论你志气怎样高，对人切不可骄傲，无论成绩怎么好，待人总要谦虚和气。你越谦虚和气，人家越爱你敬你。”

宁为真白丁，不做假秀才

◎ 陶行知

7 宁为真白丁，不做假秀才

——陶行知《追求真理做真人——致陶晓光》

【导读】

陶行知（1891—1946），安徽歙县人，著名教育家、思想家。他提出了“生活即教育”“社会即学校”“教学做合一”三大主张，生活教育理论是陶行知教育理论的核心。1946 年 7 月 25 日上午，因长期过度劳累，陶行知在上海患脑出血去世，享年 55 岁。著作有《中国教育改造》《古庙敲钟录》《行知书信》等。这是陶行知写给二儿子陶晓光的一封信。

❖【正文】

晓光：

最近听说马肖生[1]寄了一张证明书给你。他擅自做主，没有经我看过，我不放心，故即于当晚电你将该件寄回，以便审核有无错误，深信你已经遵电照办。现恐你急需文件证明，特由我亲自写了一张，附于信内寄你。你可根据这样证明，找尚达[2]弟力保。我们必须坚持“宁为真白丁，不做假秀才”之主张进行。倘使这样真实的证明不合用，宁可自己出钱，不拿薪水，帮助国家工作，同时从尚达弟及各位学术专家学习。万一竟因证明不合传统，而连这样的工作学习亦被取消，那末，你还是回到重庆，这里有金大[3]电机工程，也许可去，或与陈景唐[4]兄商量，迳考成都金大。总之，“追求真理做真人”，不可丝毫妥协。万一金大也不能进，我愿筹集专款，帮助你建立实验室，决不向虚伪的社会学习或妥协，你记得这七个字，终身受用无穷，望你必须努力朝这方面修养，方是真学问。

我近来为校经费困难所逼，驻渝筹款，而重庆天气易令人咳，这两天才愈，因此不能早日写信给你，至为歉然。

你给银行的信，误由银行转到学校去，故来不及和陈毅先生会面。我接信他已走了。你所要脚踏车，如能留蓉工作，当寄款来给你自买。此地自行车也不便宜，而路远难带，我们也非内行，怕买来不合用。

绍良先生代买东西之款已托涵真先生代还。

育才有戏剧、绘画两组驻渝见习，进步甚快。今吾十七日动身，日内可望抵渝，大致担任指导部主任。来信寄重庆村十七号。

一九四一年一月二十五日

❖【注释】

[1] 马肖生：马侣贤（1907—1974），安徽合肥肥东马集人，又名肖生。深受陶行知教育思想的熏陶，在重庆市郊北温泉创办育才学校。

[2] 尚达：倪尚达（1898—1988），上海浦东人。物理学家，电磁学、无线电学专家，中国无线电教育的先驱。曾经在金陵大学任教授。

[3] 金大：指抗战期间迁往成都的金陵大学。

[4] 陈景唐：陈裕光（1893—1989），号景唐。陈景唐和陶行知是金陵大学、哥伦比亚大学的同学，时任金陵大学校长。

❖【点评】

千学万学学做真人

“千教万教教人求真，千学万学学做真人”是陶行知的名言，也贯穿在他对子女的教育中。

这封信源于一张假的学历证。陶晓光是陶行知的第二个儿子，虽然没有正规学历，但在无线电方面很有专长。1940 年底，陶晓光去成都一家无线电厂做技术员，厂方让他提供学历证明，他只好写信向育才学校副校长马侣贤求助，希望能帮自己渡过这一关。育才学校是陶行知一手创立的，而马侣贤作为陶行知一手提拔的副校长，对于陶晓光的求助岂能袖手旁观？于是，他避过陶行知，给陶晓光寄去了一张假的毕业证明书。

陶行知获悉此消息后，赶紧给陶晓光写信制止此事。他先是批评马侣贤不该弄虚作假，接着电告陶晓光将那张假毕业证明寄回，又于1941年1月25日给陶晓光写了一封快信，并特意为信加了题目：追求真理做真人。

以当时陶行知的社会地位与影响力，为自己的儿子谋个好差事，可谓轻而易举，但陶行知并没有为儿子“谋福利”，而是让儿子自力更生，“宁为真白丁，不做假秀才”，脚踏实地做人做事。

陶晓光的女儿陶铮在回忆祖父陶行知时曾说：“祖父这封信，充分说明了他对青年人的希望和要求。而‘追求真理做真人’也成了我的父辈们一生的座右铭，更深深教育和激励我始终以‘追求真理做真人’为标准，从来不敢有丝毫的懈怠。”

财富是靠勤奋与智慧赚来的

◎洛克菲勒

8 财富是靠勤奋与智慧赚来的

——洛克菲勒给孩子的信

【导读】

约翰·D.洛克菲勒（1839—1937），美国著名企业家，美孚石油公司创始人。洛克菲勒是世界上第一个亿万富翁，巅峰时期，他曾垄断美国90%的石油市场，是世界公认的“石油大王”。洛克菲勒不仅是一位成功的商人，还是一位教子有方的父亲。他知道，能带给孩子一生幸福的不是金钱，而是完整的人格、强大的内心和良好的生活习性。这封信是洛克菲勒写给唯一的儿子和继承人小约翰的。

❖【正文】

亲爱的约翰：

我已经注意到那条指责我吝啬、说我捐款不够多的新闻了，这没什么。我被那些不明就里的记者骂得够多了，我已经习惯了他们的无知与苛刻。我回应他们的方式只有一个：保持沉默、不加辩解，无论他们如何口诛笔伐。因为我清楚自己的想法，我坚信自己站在正确的一方。

每个人都需要走自己的路，重要的是要问心无愧。有一个故事或许能够解释我很少理会那些乞求我出钱来解决他们个人问题的理由，更能解释让我出钱比让我赚钱更令我紧张的原因。这个故事是这样说的：

有一家农户，圈养了几头猪。一天，主人忘记关圈门，便给了那几头猪逃跑的机会。经过几代以后，这些猪变得越来越凶悍，以致开始威胁经过那里的行人。几位经验丰富的猎人闻听此事，很想为民除害捕获它们。但是，这些猪却很狡猾，从不上当。

约翰，当猪开始独立的时候，都会变得强悍和聪明了。

有一天，一个老人赶着一头拖着两轮车的驴子，车上拉着许多木材和粮食，走进了“野猪”出没的村庄。当地居民很好奇，就走向前问那个老人：“你从哪里来，要干什么去呀？”老人告诉他们：“我来帮助你们抓野猪呵！”众乡民一听就嘲笑他：“别逗了，连经验丰富的猎人都做不到的事你怎么可能做到？”但是，两个月以后，老人回来告诉那个村子的村民，野猪已被他关在山顶上的围栏里了。

村民们很惊讶，追问那个老人："是吗？真不可思议，你是怎么抓住它们的？"

老人解释说："首先，我找到野猪经常出来吃东西的地方，然后就在空地中间放一些粮食作陷阱的诱饵。那些猪起初吓了一跳，最后还是好奇地跑过来，闻粮食的味道。很快，一头老野猪吃了第一口，其他野猪也跟着吃起来。这时我知道，我肯定能抓到它们了。第二天，我又多加了一点粮食，并在几尺远的地方竖起一块木板。那块木板像幽灵般暂时吓退了它们，但是那免费的午餐很有诱惑力，所以不久它们又跑回来继续大吃起来。当时野猪并不知道它们已经是我的了。此后我要做的只是每天在粮食周围多竖起几块木板，直到我的陷阱完成为止。然后，我挖了一个坑，立起了第一根角桩。每次我加进一些东西，它们就会远离一小段时间，但最后都会再来吃免费的午餐。围栏造好了，陷阱的门也准备好了，而不劳而获的习惯使它们毫无顾虑地走进围栏。这时我就出其不意地收起陷阱，那些白吃午餐的野猪就被我轻而易举地抓到了。"

这个故事的寓意很简单，一只动物要靠人类供给食物时，它的机智就会丧失，接着它就麻烦了。同样的情形也适用于人类，如果你想使一个人残废，只要给他一对拐杖再等上几个月就能达到目的。换句话说，如果在一定时间内你给一个人免费的午餐，他就会养成不劳而获的习惯。别忘了，每个人在娘胎里就开始有被“照顾”的需求了。

是的，我一直鼓励你要帮助别人，但是就像我经常告诉你的那样，如果你给一个人一条鱼，你只能供养他一天，但是你教他捕鱼的本领，就等于供养他一生。这个关于捕鱼的老话很有意义。

在我看来，资助金钱是一种错误的帮助，它会使一个人失去节俭、勤奋的动力，而变得懒惰、不思进取、没有责任感。更为重要的是，当你施舍一个人时，你就否定了他的尊严，这在我看来是极不道德的。作为富人，我有责任成为造福于人类的使者，却不能成为制造懒汉的始作俑者。

任何一个人一旦养成习惯，不管是好是坏，习惯就一直占有了他。白吃午餐的习惯不会使一个人步向坦途，只能使他失去赢的机会。而勤奋工作却是唯一可靠的出路，工作是我们享受成功所付的代价，财富与幸福要靠努力工作才能得到。

在很久很久以前，一位聪明的老国王想编写一本智慧录，以飨后世子孙。一天，老国王将他聪明的臣子召集来，说：“没有智慧的头脑，就像没有蜡烛的灯笼。我要你们编写一本各个时代的智慧录，去照亮子孙的前程。”

这些臣子领命离去后，工作很长一段时间，最后终于完成了一部12卷的皇皇巨著，并骄傲地宣称：“陛下，这是各个时代的智慧录。”

老国王看了看，说：“各位先生，我确信这是各个时代的智慧结晶。但是，它太厚了，我担心人们读它会不得要领。把它浓缩一下吧！”这些聪明人又费去很多时间，几经删减，完成了一卷书。但是，老国王还是认为太长了，又命令他们再次浓缩。

这些聪明人把一本书浓缩为一章，然后减为一页，再变为一段，最后则变成一句话。聪明的老国王看到这句话时，显得很得意。“各位先生，”他说，“这真是各个时代的智慧结晶，而且各地的人一旦知道这个真理，我们大部分的问题就可以解决了。”这句话就是：“天下没有免费的午餐。”

智慧之书的第一章，也是最后一章，是天下没有免费的午餐。如果人们知道出人头地要以努力工作为代价，大部分人就会有所成就，同时也将使这个世界变得更美好。而白吃午餐的人，迟早会连本带利付出代价。

一个人活着，必须在自身与外界创造足以使生命和死亡有点尊严的东西。

爱你的父亲

1911 年 3 月 17 日

【点评】

天下没有免费的午餐

老洛克菲勒的一生中，曾给自己的儿子写过数十封信，这些信真实记录了洛克菲勒创造财富神话的种种业绩。从这些信中，我们不仅可以看到洛克菲勒卓越的经商才能，还可以看到他对孩子独特的教育理念。

在这封信的一开始，洛克菲勒对于指责他捐款不够多、太过吝啬的新闻进行了回应，坚信自己的想法是正确的："你想使一个人残废，只要给他一对拐杖。""作为富人，我有责任成为造福于人类的使者，却不能成为制造懒汉的始作俑者。"

接下来，洛克菲勒通过讲述一个经典智慧故事的方式，得出结论："白吃午餐的人，迟早会连本带利付出代价。"

一分耕耘，一分收获，世上没有不劳而获的好事。我们无论做任何事情都要有所付出，不付出就想受益，不付出就想捡到便宜，那是不可能的。天下的智慧其实就是努力，不努力（吃白饭），是永远无法得到你想要的东西的，所以做事要努力，因为勤奋工作是唯一可靠的出路。

中国有句俗话，叫作"富不过三代"，然而洛克菲勒家族从发迹至今已经绵延七代，上百年之后仍然是世界上最富有的家族之一，这与他们的财富观念和从小对子女的教育是分不开的。

自立，才能有所作为

◎居里夫人

⑨ 自立，才能有所作为

——居里夫人致女儿的信

【导读】

玛丽亚·斯克沃多夫斯卡·居里（1867—1934），通常被称为居里夫人，波兰裔法国籍女物理学家、化学家。居里夫人的成就包括开创了放射性理论，发明了分离放射性同位素的技术，以及发现两种新元素钋和镭。在她的指导下，人们第一次将放射性同位素用于治疗癌症。居里夫人曾两次获得诺贝尔奖，这是史无前例的。这封书信是居里夫人写给女儿的，她希望女儿能够自立，在社会上有所作为。

❖【正文】

亲爱的孩子：

一个人不仅要自信，更重要的是要自立。

成功者认为，只有丢开拐杖，破釜沉舟，依靠自己，才能赢得成功之门的钥匙和最后的胜利，自立也是力量的源泉。

每个正常人都能够过一种独立和自立的生活，但很少有人真正能够完全自立，因为依靠别人、跟从别人、追随别人，让别人去思考、去计划、去工作要省事得多。所以人们经常持有的一个最大谬见，就是以为他们永远会从别人不断的帮助中获益。

自立，是每一个志存高远者必备的品质，而模仿和依靠他人只会导致懦弱。力量是自发的，不依赖他人。坐在健身房里让别人替我们锻炼，我们是无法增强自己肌肉的力量的，没有什么比依靠他人的习惯更能破坏独立自主能力的了。如果你依靠他人，你将永远坚强不起来，也不会有独创力。要么独立自主，要么埋葬雄心壮志，一辈子做个仰人鼻息的人。

自立绝不只是单纯给自己创造一个优越的环境，以为可以不必艰苦奋斗，就能成功。这种做法只会给你们带来灾难。那个优越的开端很可能会是一个倒退。年轻人需要的是能够获得所有的原动力。他们天生就是学习者、模仿者、效法者，他们很容易变成仿制品。当你不提供拐杖时，他们就无法独立行走了。只要你同意，他们会一直依靠你。锻炼意志和力量，需要的是自助自立精神，而非靠来自他人的影响力，也不能依赖他人。

爱迪生说："坐在舒适的软垫子上的人容易睡去。"依靠他人，觉得总是会有人为我们做任何事所以不必努力奋斗，这种想法对自助自立和艰苦奋斗精神是致命的障碍！

一个身强力壮、背阔腰圆、重达近一百五十磅的年轻人竟然两手插在口袋里等着帮助，这无疑是世上最令人恶心的一幕。

你有没有想过，你认识的人中有多少只是在等待？其中很多人不知道等的是什么，但他们在等某些东西。他们隐约觉得，会有什么东西降临，会有些好运气，或是会有什么机会发生，或是会有某个人帮他们，这样他们就可以在没受过教育、没有充分的准备和资金的情况下开启一件事或继续前进。

在我的人生经历中，从没见过某个习惯等着帮助、等着别人拉扯一把、等着别人的钱财或是等着运气降临的人能够成就大事。

只有抛弃每一根拐杖，破釜沉舟，依靠自己，才能赢得最后的胜利。自立是打开成功之门的钥匙，自立也是力量的源泉。

孩子，一旦你不再需要别人的援助，自强自立起来，你就踏上了成功之路。一旦你抛弃所有外来的帮助，你就会发挥出过去从未意识到的力量。

世上没有比自尊更有价值的东西了，如果你谋划不断从别人那里获得帮助，你就难保有自尊；如果你决定依靠自己，独立自主，你就会变得日益坚强。

要相信你到这个世界上来是有目的的。是为了造就自己，是为了帮助别人，是扮演一个别人替代不了的角色，因为每个人在这场盛大的人生戏剧中扮演着自己的角色。如果你不扮演这个角色，这出戏就有缺陷了。只有当你意识到自己要在世上完成一件事、扮演一个角色、必须自立时，你才能有所作为。生活也因此具有了崭新的意义。你说是这样吗？我的女儿。

妈妈

【点评】

不要等着别人拉一把

有人称居里家族是诺贝尔家族，居里夫人和丈夫、女儿、女婿都曾获得过诺贝尔奖，以致人们对居里夫人的教女之方甚感兴趣。看过她给女儿写的信，你会对居里夫人的教女之方有所了解。

在这封给女儿的信中，居里夫人告诉女儿一个朴素却重要的道理：做人必须自立。教育女儿要自强自立，认为“自立，是每一个志存高远者必备的品质，而模仿和依靠他人只会导致懦弱”。“没见过

某个习惯等着帮助、等着别人拉扯一把、等着别人的钱财或是等着运气降临的人能够成就大事。”教导女儿“只有抛弃每一根拐杖，破釜沉舟，依靠自己，才能赢得最后的胜利。自立是打开成功之门的钥匙，自立也是力量的源泉”。

“世上没有比自尊更有价值的东西了”，一个人可以没有鲜花和荣誉，但不能没有自尊。可是，若一个人不能够自立，反而不断谋求从别人那里获得帮助，也就不可能有什么自尊可言。我们要做一个自尊、自信、自立、自强的人，只有自尊、自立，才能够自强。

居里夫人的小女儿艾芙在她写的《居里夫人传》一书中回忆说：“有几件事永远印在我们的心上了：对于工作的爱好，不热衷于钱财，以及喜欢独立的本能。这种本能使我们两个都相信，我们在任何环境之下，都应该知道如何处理一切，不须倚仗别人帮助。”其实，不只是教育孩子学会自立，居里夫人其他的教育理念也值得我们学习。

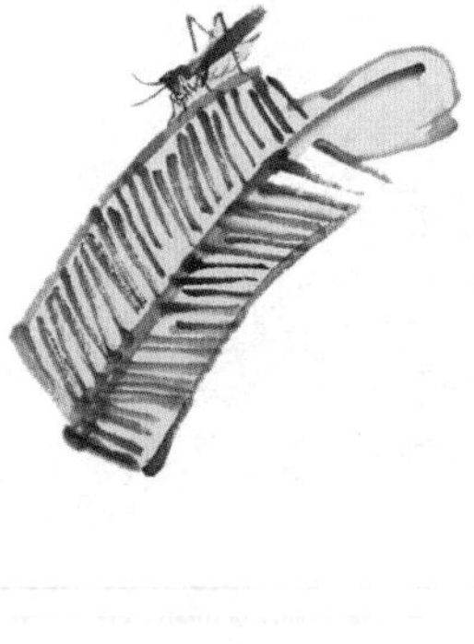

人生的苦难，主题不过这几个

◎傅雷

⑩ 人生的苦难，主题不过这几个

——傅雷给傅聪的信

【导读】

傅雷（1908—1966），中国著名翻译家、作家、教育家、美术评论家。傅雷夫妇作为中国父母的典范，一生苦心孤诣、呕心沥血培养的两个孩子——傅聪（著名钢琴大师）、傅敏（英语特级教师），是因材施教等教育思想的成功体现。这是傅雷写给儿子傅聪的一封信，鼓励孩子要正确对待苦难……

✤【正文】

孩子：

接十七日信，很高兴你又过了一关。人生的苦难，theme（主题）不过是这几个，其余只是 variations（变奏曲）而已。

爱情的苦汁早尝，壮年中年时代可以比较冷静。古语说得好，塞翁失马，未始非福。你比一般青年经历人事都更早，所以成熟也早。这一回痛苦的经验，大概又使你灵智的长成进了一步。

你对艺术的领会又可深入一步。我祝贺你有跟自己斗争的勇气。一个又一个的筋斗栽过去，只要爬得起来，一定会逐渐攀上高峰，超脱在小我之上。辛酸的眼泪是培养你心灵的酒浆。不经历尖锐的痛苦的人，不会有深厚博大的同情心。

所以孩子，我很高兴你这种蜕变的过程，但愿你将来比我对人生有更深切的了解，对人类有更热烈的爱，对艺术有更诚挚的信心！孩子，我相信你一定不会辜负我的期望。我对于你的学习（出国以前的）始终主张减少练琴时间，俄文也勿太紧张；倒是乐理要加紧准备。我预言你出国以后两年之内，一定要深感这方面的欠缺。故出去以前要尽量争取基本常识。

三四月在北京是最美的季节（除了秋天之外）；丁香想已开罢，接着是牡丹盛放。有空不妨上中山公园玩玩。中国的古代文物当然是迷人的，我也常常缅怀古都，不胜留恋呢。

最近正加工为林伯伯修改讨论歌唱的文字；精神仍未完全复原，自己的工作尚未正式开始。

❖【点评】

战胜人生困境和苦难的正确态度是什么？

如何面对人生的苦难？这是每个人一生都必须面对的问题。傅雷在这封家书里告诉自己的儿子正确的态度，认为："一个又一个的筋斗栽过去，只要爬得起来，一定会逐渐攀上高峰，超脱在小我之上。辛酸的眼泪是培养你心灵的酒浆。不经历尖锐的痛苦的人，不会有深厚博大的同情心。"

苦难对于懂得自强的人来说，也是人生的一种财富，不经过战斗的舍弃是虚伪的，不经劫难磨炼的超脱是轻佻的，痛苦的经验可以使人的灵魂不断成长，正如傅雷在他的译著《名人传》的序中所言："惟有真实的苦难，才能驱除浪漫底克的幻想的苦难；惟有看到克服苦难的壮烈的悲剧，才能帮助我们担受残酷的命运；惟有抱着'我不入地狱谁入地狱'的精神，才能挽救一个萎靡而自私的民族：这是我十五年前初次读到本书时所得的教训。"

第二章 健康成长

心灵就像自己的头和脸面，也要美

◎蔡邕

1 心灵就像自己的头和脸面，也要美

——蔡邕《女训》

【导读】

蔡邕（yōng）（133—192），字伯喈，东汉末年著名文学家、书法家。这则《女训》是蔡邕为女儿所写，提醒女儿面容的修饰固然重要，但不能忘记品德和学识的修养更重要。

❖【正文】

心，犹首面也，是以甚致饰[1]焉。面一旦不修，则尘垢秽之；心一朝不思善，则邪恶入之。咸知饰其面，不修其心，惑矣。夫面之不饰，愚者谓之丑；心之不修，贤者谓之恶。愚者谓之丑，犹可；贤者谓之恶，将何容焉？故览照[2]拭面，则思其心之洁也；傅脂[3]，则思其心之和也；加粉，则思其心之鲜也；泽发[4]，则思其心之润也；用栉[5]，则思其心之理也；立髻[6]，则思其心之正也；摄鬓[7]，则思其心之整也。

❖【注释】

[1] 致饰：给予修饰。

[2] 览照：揽镜自照。

[3] 傅脂：涂脂于面。

[4] 泽发：洗头使之光润。

[5] 栉：梳子。

[6] 髻：梳在脑后或头顶的发式。

[7] 摄鬓：整理鬓角的头发而使之整齐。

❖【点评】

女孩子要学会内外兼修

据历史记载，蔡邕没有儿子，只有两个女儿，却教育有方。他的

杏子隖老民

两个女儿也都很出色，大女儿就是大名鼎鼎的蔡文姬，博学多才，擅长文学、音乐、书法；二女儿嫁给三国时魏国上党太守羊衜（dào），是西晋名将羊祜的母亲。

在这封写给女儿的家训中，蔡邕认为，人的心就如同人的脸面一样，需要加强修饰和净化。因为人的脸面不修饰的话，尘垢会弄脏；同样，人的心里没有善念的话，邪念会侵入。可是在现实社会中，人们往往注意化妆脸面，不知道修正内心，这是一件很糊涂的事情。

从古至今，女子都希望自己面容漂亮，似乎只有这样才能得到男子的青睐。在现代社会，更有一些女孩为了改变自己的容貌，甚至不惜代价去整容，却忽略了内心的修养和学识的培养，这是一件值得警惕的事情。外貌固然重要，但更要注重修养自己的内心，这才是正确的修身之道。

大节突出，小缺点也不能掉以轻心

◎苏轼

❷ 大节突出，小缺点也不能掉以轻心

——苏轼与子由第二则

【导读】

苏轼（1037—1101），字子瞻，号东坡居士，眉州眉山（今四川眉山）人。北宋文学家、画家、书法家，“唐宋八大家”之一，其文明白畅达。这两封信是苏轼写给弟弟苏辙的，苏辙和苏轼一样同为北宋著名文学家。

❖【正文】

吾弟大节过人，而小事或不经意，正如作诗高处可追配古人，而失处或受嗤于拙目。薄俗正好点检人，小疵，不可不留意也。

吾兄弟俱老矣，当以时自娱，世事万端，皆不足介意。所谓自娱者，亦非世俗之乐，但胸中廓然无一物，即天壤之内，山川草木虫鱼之类，皆是供吾家乐事也。

❖【点评】

苏轼洒脱的人生观

做人有大节很重要，正所谓“诸葛一生唯谨慎，吕端大事不糊涂”。苏轼在第一则书信里夸弟弟大节过人，不过在褒扬中有警策，他提醒弟弟做人如作诗，小缺点也不要掉以轻心。

作为一位满腹经纶的大学者，苏轼对人生有着无所往而不乐的旷达胸怀。不过苏轼乐观和豁达不是天生就有的，也不是随随便便获得的，而是经历一番痛苦之后的顿悟和超脱。他在第二则书信中将自己长期形成的那套随缘自足、宠辱不惊的人生哲学传授给弟弟。“一蓑烟雨任平生”“回首向来萧瑟处，归去，也无风雨也无晴”，这两句话可以概括苏轼潇洒自如的生活态度。

成长要靠自己，不能像以往那样悠闲自在

◎陈栎

③ 成长要靠自己，不能像以往那样悠闲自在

——《陈栎与子勋书》

【导读】

陈栎（1252—1334），字寿翁，安徽休宁人，元代学者。宋亡，隐居不出，潜心著述。晚年自称东阜老人。一生著述颇丰，有《尚书集传纂疏》《历朝通略》《勤有堂随录》等。这是陈栎写给离家到外地任教的儿子的一封信。

❖【正文】

我本未欲遣汝出，偶遇机会，故如此。汝须是自卓立、自争气、自求长进、自做取成人，不可如前日悠悠见笑于人。今幸遇亲家执敬老师，重厚典刑，可亲炙[1]取法。姊夫子静先生，博淹修洁，可以资问请益。好文字、好说话，随手录取，归日要观。仲文非特益友，实足为汝师，渠之言一一谨守，不可一毫违之。按渠之言而力行之，永永无失。今受人子弟之托，须是且以教人为急，自己事且放缓。然教人读书，即是我读；教人做文字，即是如我自做；教人解书，即是我自解；教人熟而记得，即是我自熟自记得。教人便是自学。如此力行，不特人有长进，我亦自有长进。又，教人谈书，今虽不必与人尽解，然我却不可不自晓得。须是每日随人所上之书，逐段自检，看解得晓得，不可徒读其句读而不晓其道理，如和尚念经也。

每日早起晏眠，除登厕外莫妄出一步，不可与人闲说一句惹是非，待学生必正色端庄，如此，决不遭侮。夏楚[2]人家多不乐此，不宜施。须是勤而有常，谨审而不敢轻易。能守得“勤”与“谨”二字，万万无失。言语要简而当、从容而分明，最不要夸张妄诞。学生事业与主人商量，各人具一日程而日日谨守之。

❖【注释】

[1] 亲炙（qīn zhì）：指亲身受到教益，出自《论衡·知实》。

[2] 夏楚（xià chǔ）：夏同“榎”，教师使用的教鞭，用来警惕鞭策学生的，收到整肃威仪的效果，后泛指体罚学童的工具。

秋佳

❖【点评】

成功只能靠自己

在这封信中，陈栎特别要求儿子在任教中要做到为人师表，把精力全放在学生身上。他还教导儿子如何安排作息时间，如何注意仪表，如何与别人处好关系，并让儿子守得“勤”“谨”二字。

陈栎强调儿子要自我独立，争求上进，成长要靠自己，不能像以往那样悠闲自在而无所事事。这是大实话，因为世界上大多数人并不是天才，而是平凡人，他们走着平凡的路，没有左右逢源的机会，也没有一掷千金的勇气。每个人虽然有父母，有亲戚朋友，可是能帮到自己的只有自己，人都要靠自己成长，而不是依靠别人，将自己的未来交托到别人身上的人，其人生往往是悲剧的。

生活来之不易，要学会勤俭持家

◎李兆洛

④ 生活来之不易，要学会勤俭持家

——李兆洛《诫子书》

【导读】

李兆洛（1769—1841），字申耆，晚号养一老人，阳湖（今江苏常州）人。清朝地理学家、文学家。嘉庆年间进士，曾官至凤台知县，后主讲于江阴书院。著有《养一斋集》《历代地理沿革图》。在这封信中，李兆洛向儿子讲述了现在殷实生活的来之不易，希望儿子能够勤俭持家。

❖【正文】

自吾曾祖始居于此，吾祖恢而大之，吾父整而饬[1]之，吾兄全而保之，以绵延百年，贻我后之人。汝父何尝有一丝一粟裨益于其间以庇汝哉？而汝居然有庐可居，有田可耕，有书可读。汝等之幸，不可不自知之也。吾与汝伯父少小相爱相依如性命，及各长大，时时东西南北，不能常聚。然心志未尝不同。汝祖察其如此，故听其自首同居，不复异财耳。然十余年来，汝伯父之支撑门户，整理家计者，心力交殚矣，年已就衰，岂能长为汝辈做牛马哉？故将祖产所贻，均匀剖析，可分者分之，不可分者仍公之。庶几各有职业，各知艰难。此不得已之苦心，可以告无罪于先人者也。

吾生平粗伉，惟略识文字，于人情曲折，每不甚谙，齑[2]盐琐悉，尤所不耐。著衣吃饭皆赖父兄庇荫耳。年才过五十，已觉衰病侵寻，又婚嫁已了，颇复思逍遥人间，不与世事，欲自勉强持家作计，诚不能也。故以吾兄分授与我者，复析为二，以授汝等，自今以往，吾但仰食汝等，不复有所关预也。汝等资皆中下，吾不望以功名显荣，能纯纯谨谨为乡里自好之人，便是克守家法，吾愿足矣。苟能自守，已足终身饱暖；不能自守，虽铜山金穴，岂有济哉！保家之道，制节谨度而已；保身之道，谨言信行而已。非分之想莫萌，无益之事莫做，此吾所常以语汝者也。勉之。

❖【注释】

[1] 饬（chì）：整顿；使有条理。

[2] 齑（jī）：本意是指捣碎的姜、蒜、韭菜等，也指混杂，调和。

❖【点评】

勤俭持家难

李兆洛在信的开头追述他的先辈创业的艰难不易，是希望儿子在分家后要懂得珍惜祖祖辈辈们辛苦立下的家业。虽然作者和兄长之间关系融洽，但“汝伯父之支撑门户，整理家计者，心力交殚矣，年已就衰”。之所以要分家，是希望儿辈能“各有职业”，不要一味仰仗父辈的庇荫。他希望分家后儿子能在乡里做一个洁身自好、勤奋、善良的人，只有勤劳俭朴，才能持住家业，才能终身得温饱。

俗话说得好：由俭入奢易，由奢入俭难。一个家庭想要长盛不衰，就需要懂得勤俭持家，不然再有钱有势，也会被迅速败光。例如霸权一时的袁世凯去世后，长子分得很多遗产，他便拿着这些钱养着众多妻妾，不到几年便挥霍一空，到了晚年吃咸菜馒头度日。相反的例子也有，如抗日名将傅作义将军，他早年因远离家乡，耗费较大，又不注意节省，向人借了 20 两银子。寒假回到家中，父亲没有责备，只带他到黄河边，让他脱掉鞋袜，一同跳入水中，然后对他说：“我的钱是这样挣来的。”傅作义深感内疚，自此一生崇尚简朴，人称“布衣将军”。

孩子，你该如何看待人生的困顿？

◎郑淑云

⑤ 孩子，你该如何看待人生的困顿？

——郑淑云给儿子的一封信

【导读】

这是明朝时期的一位母亲写给儿子的一封家书，这位妈妈用寥寥百字，向儿子说明如何面对人生的困顿。她告诉儿子，人的一生多数是磕磕碰碰的，在遭遇挫折和不顺的时候，应该树立强大健康的心态，自古英杰都是在饱受困苦而不放弃之后才大放光彩的。

❖【正文】

示子朔：

阅儿信，谓一身备有三穷：用世颇殷[1]，乃穷于遇；待人颇恕，乃穷于交；反身颇严，乃穷于行。

昔司马子长云：然虞卿[2]非穷愁，亦不能著书以自见于后世。

是穷亦未尝无益于人，吾儿当以是自励也！

❖【注释】

[1] 殷：丰盛，丰富。

[2] 虞卿：名信，卿是他的官职，舜帝后代，卿姓的得姓始祖，赵国中牟（今河南鹤壁）人，战国时期名士。

❖【点评】

给孩子一个强大健康的心态

在书信的开头，这位妈妈就提到了人生的三种困顿：

“用世颇殷，乃穷于遇”，意思是拥有卓越的才华，却遇不到好的平台和机遇。

自古才命两相违，有才华却不一定有施展才华的机会。但是无数

的英杰都是在饱受困苦而不放弃之后才大放光彩的。曾国藩的好友周腾虎曾经对他说："自古成就大事的人，都是肯用心的人。"

"待人颇恕，乃穷于交"，意思是以一颗诚挚宽厚的心待人，却没有交上值得交的好朋友。

"反身颇严，乃穷于行"，意思是对自己严格要求，时常反省，却无法按照自己的意愿来活着。

书信最后，妈妈鼓励孩子，人生固然难免遇到困顿，纵然多有不顺，但是上天为你关闭了一扇门，就会为你开一扇窗，在某一方面无法发展，却可以在另一方面得到补偿。

她爱孩子、爱生命，更能用她的爱给孩子指出更广阔的天地，给孩子一个强大健康的心态，给孩子一个坚强端正的人生。

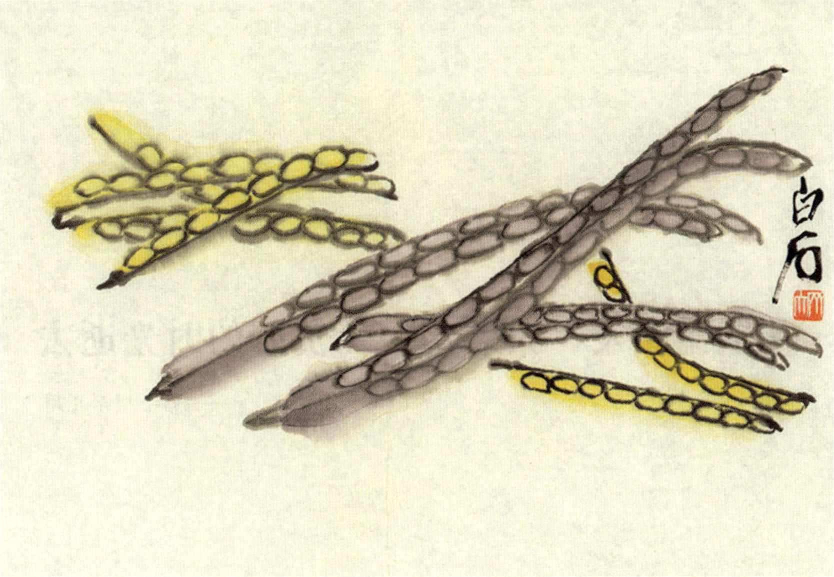

别滥交友，染恶习，让美好的时光逝去

◎彭士望

⑥ 别滥交友，染恶习，让美好的时光逝去

——彭士望示儿婿

【导读】

彭士望（1610—1683），字达生，江西南昌人。明末诗人。曾奔走仕途，后归隐江西翠微峰，讲学于易堂。与李腾蛟、丘维屏、魏禧等号称“易堂九子”。著有《耻躬堂诗文集》等。这是一篇训诫的小短文，流露出他对“今之少年”的惋惜与对儿婿的希冀之情。

❖【正文】

少年须常有一片春暖之意，如植物从地茁出。天气浑含，只滋根土，美闷春融，绝无雕节，自会发生盛大。今之少年，往往情不足而智有余，发泄多岐[1]，本地单薄。专力为己，饰意待人，展转效摹，人各自为。过失莫知，患难莫救，殖落岁逝，竟成孤立。千年之木，花尽一朝，良可惜也！

❖【注释】

[1] 岐：同“歧”。

❖【点评】

交友关乎一生成败

作者以植物在春天的生长来比喻青少年时代在人生历程中的重要性，希望自己的儿婿在为人方面应真诚有情，有美好的品德。可事实是“人各自为，过失莫知，患难莫救”。他还指出，品行端正，方能有所作为。有了完整的人格方能有完整的人生，在青少年时代，打好品行与学识的基础，将来才能有远大的发展。绝不应滥交友，染

恶习，让美好的时光逝去，终将一无所成。

俗话说“在家靠父母，出门靠朋友”。交朋友这件事在人的一生中非常重要，正如曾国藩所说“一生之成败，皆关乎朋友之贤否”。如何交到好朋友？曾国藩在家书中研究了一套“八交九不交”理论，即“八交：胜己者；盛德者；趣味者；肯吃亏者；直言者；志趣广大者；惠在当厄者；体人者。九不交：志不同者；谀人者；恩怨颠倒者；好占便宜者；全无性情者；不孝不悌者；愚人者；落井下石者；德薄者”。

人的出身无贵贱之分，全凭自身努力

◎郑板桥

⑦ 人的出身无贵贱之分，全凭自身努力

——郑板桥杭州韬光庵中寄舍弟墨

【导读】

郑板桥（1693—1766），名燮，清代著名画家、文学家，尤其以善画竹著称，著有《郑板桥集》。郑板桥的堂弟郑墨比郑板桥小24岁，为人谦实稳重，郑板桥在外做官的时候，家事都托付堂弟。由于二人均自贫困中长大，故郑板桥对郑墨尤爱护备至，期望良深。在这封信中，郑板桥跟堂弟探讨了人应该如何拥有正确的价值观。

❖【正文】

谁非黄帝尧舜之子孙，而至于今日，其不幸而为臧获[1]，为婢妾，为舆台、皂隶，窘穷迫逼，无可奈何。非其数十代以前即自臧获、婢妾、舆台、皂隶来也。一旦奋发有为，精勤不倦，有及身而富贵者矣，有及其子孙而富贵者矣，王侯将相岂有种乎！而一二失路名家，落魄贵胄[2]，借祖宗以欺人，述先代而自大。辄曰："彼何人也，反在霄汉；我何人也，反在泥涂。天道不可凭，人事不可问！"嗟乎！不知此正所谓天道人事也。

天道福善祸淫，彼善而富贵；尔淫而贫贱，理也，庸何伤？天道循环倚伏，彼祖宗贫贱，今当富贵，尔祖宗富贵，今当贫贱，理也，又何伤？天道如此，人事即在其中矣。愚兄为秀才时，检家中旧书簏[3]，得前代家奴契券，即于灯下焚去，并不返诸其人。恐明与之，反多一番形迹，增一番愧恧[4]。自我用人，从不书券，合则留，不合则去。何苦存此一纸，使吾后世子孙，借为口实，以便苛求抑勒乎！如此存心，是为人处，即是为己处。

若事事预留把柄，使入其网罗，无能逃脱，其穷愈速，其祸即来，其子孙即有不可问之事、不可测之忧。试看世间会打算的，何曾打算得别人一点，直是算尽自家耳！可哀可叹，吾弟识之。

❖【注释】

[1] 臧获：古代对奴婢的贱称。

三百石印富翁齊璜

[2] 贵胄：贵族的后代。

[3] 书簏（lù）：藏书用的竹箱子。

[4] 愧恧（nǜ）：惭愧。

❖【点评】

穷不要紧，要奋斗不息

在这封书信里，郑板桥认为，人的出身无贵贱之分，大家同样都是“黄帝尧舜之子孙”，富贵贫贱只是天道循环、往复不息的自然规律。穷苦贫贱之人要改变命运，富贵显达之辈要保住已有的生活，他们要发奋努力。人穷志不穷，贫穷真不可怕，可以激励我们生命不息、奋斗不止，物质上的匮乏，并不代表精神上的贫瘠。

有时候，物质上的贫穷反而能磨炼一个人。2018 年，一个以 707 分的成绩考入北大的河北女孩写下《感谢贫穷》一文，曾感动了无数网友：“贫穷带来的远不止痛苦、挣扎与迷茫。尽管它狭窄了我的视野，刺伤了我的自尊，甚至间接带走了至亲的生命，但我仍想说，谢谢你，贫穷。”就像电影《长江七号》里周星驰扮演的父亲反反复复地对儿子说：“我们虽然穷，但是我们不说谎话、不打架、不吹牛，好好学习，将来长大成人，做一个社会的栋梁之材。”

男孩要有刚强坚毅的气概

◎曾国藩

8 男孩要有刚强坚毅的气概

——曾国藩《沅甫九弟左右》

【导读】

曾国藩（1811—1872），晚清理学家、政治家、书法家、文学家，官至两江总督、直隶总督、武英殿大学士，“晚清中兴第一名臣”，与张之洞、李鸿章、左宗棠并称“晚清中兴四大名臣”。这封信是曾国藩写给弟弟曾国荃（字沅甫）的，告诫他要有刚强的气概。

❖【正文】

沅甫九弟左右：

十二月廿八日接弟廿一日手书，欣悉一切。

临江已复，吉安之克实意中事。克吉之后，弟或带中营围攻抚州，听候江抚调度；或率师随迪安北剿皖省，均无不可。届时再行相机商酌。此事我为其始，弟善其终，补我之阙[1]，成父之志，是在贤弟竭力而行之，无为遽[2]怀归志也。

弟书自谓是笃实一路人，吾自信亦笃实人，只为阅历世途，饱更事变，略参些机权作用，把自家学坏了。实则作用万不如人，徒惹人笑，教人憾，何益之有？近日忧居猛省，一味向平实处用心，将自家笃实的本质还我真面，复我固有。贤弟此刻在外，亦急需将笃实复还，万不可走入机巧一路，日趋日下也。纵人以巧诈来，我仍以浑含应之，以诚愚应之；久之，则人之意也消。若钩心斗角，相迎相距，则报复无已时耳。

至于强毅之气，决不可无，然强毅与刚愎有别。古语云自胜之谓强。曰强制、曰强恕、曰强为善，皆自胜之义也。如不惯早起，而强之未明即起；不惯庄敬，而强之坐尸立斋；不耐劳苦，而强之与士卒同甘苦，强之勤劳不倦。是即强也。不惯有恒，而强之贞恒，即毅也。舍此而求以客气胜人，是刚愎而已矣。二者相似，而其流相去霄壤[3]，不可不察，不可不谨。

李云麟气强识高，诚为伟器，微嫌辩论过易，弟可令其即来家，与兄畅叙一切。

兄身体如常。惟中怀郁郁，恒不甚舒畅，夜间多不成寐，拟请刘镜湖三爷来此一为诊视。闻弟到营后体气大好，极慰极慰。九弟媳近亦平善。元旦至新宅拜年，叔父、六弟亦来新宅。余与澄弟等初二至白玉堂，初三请本房来新宅。任尊家酬完龙愿三日，因五婶脚痛所许，初四即散。仅至女家及攸宝庵，并未烦动本房。温弟与迪安联姻，大约正月定庚。科四前要包铳药之纸，微伤其手，现已痊愈。邓先生订十八入馆。葛先生拟十六去接。甲三姻事拟对筱房之季女，现尚未定。三女对罗山次子，则已定矣。

刘詹岩先生（绎）得一见否？为我极道歉忱。黄莘翁之家属近况何如？苟有可为力之处，弟为我多方照拂之。渠为劝捐之事怄气不少，吃亏颇多也。母亲之坟，今年当览一善地改葬。惟兄脚力太弱，而地师又无一可信者，难以下手耳。余不一一，顺问近好，诸惟心照。国藩手具。

咸丰八年正月初四夜

❖【注释】

[1] 阙：过错，遗漏。

[2] 遽：急，仓促。

[3] 相去霄壤：天壤之别之意。

❖【点评】

人得跟自己较劲

曾国藩认为，男孩子应该具有刚强坚毅的气度，不能轻易放弃和改变，才能成事。遇到困难的时候，去战胜它你就是强者。比如不习惯早起，就强制自己鸡鸣则起；不习惯端庄的仪态，就强制自己要坐立有形；不习惯吃苦，就强制自己与士卒们一起同甘共苦。只要孜孜不倦地坚持下去，就能做到刚强了。如果不能做到持之以恒，就要强制自己加强恒心，就能做到坚毅。

人的天性中有不少负面的东西，即人性的弱点，比如好逸恶劳、自私、虚荣、春困秋乏夏打盹、睡不醒的冬三月、好色、贪、嗔、痴、慢、疑等，人要学着控制它们，办法就是我们要刚强，要克制，跟这些弱点对着干。那些旧习性的去除、新习性的养成，都是这么来的。

如果一心向上，有何事业不能做成？

◎左宗棠

⑨ 如果一心向上，有何事业不能做成？

——左宗棠致孝威、孝宽

【导读】

左宗棠（1812—1885），湖南湘阴人，著名湘军将领，官至东阁大学士、军机大臣，封二等恪靖侯，与曾国藩、李鸿章、张之洞并称“晚清中兴四大名臣”。一生亲历了湘军平定太平天国运动、洋务运动、率军平定陕甘回变、收复新疆等重要历史事件。这封信是左宗棠写给长子左孝威、次子左孝宽的。左宗棠非常重视对子女的教育，在家庭教育方面颇有心得和独到之处。

❖【正文】

孝威、孝宽知之：

我于廿八日开船，是夜泊三汊矶[1]，廿九日泊湘阴县城外，三十日即过湖抵岳州。南风甚正，舟行顺速，可毋念也。

我此次北行，非其素志。尔等虽小，当亦略知一二。世局如何，家事如何，均不必为尔等言之。惟刻难忘者，尔等近年读书无甚进境，气质毫未变化，恐日复一日，将求为寻常子弟不可得，空负我一片期望之心耳。夜间思及，辄不成眠，今复为尔等言之。尔等能领受与否，我不能强，然固不能已于言也。

读书要目到、口到、心到，尔读书不看清字画偏旁，不辨明句读，不记清头尾，是目不到也。喉、舌、唇、牙、齿五音并不清晰伶俐，朦胧含糊，听不明白，或多几字，或少几字，只图混过，就是口不到也。经传精义奥旨初学固不能通，至于大略粗解，原易明白，稍肯用心体会，一字求一字下落，一句求一句道理，一事求一事原委；虚字审其神气，实字测其义理，自然渐有所悟。一时思索不得，即请先生解说；一时尚未融释，即将上下文或别章别部义理相近者反复推寻，务期了然于心，了然于口，始可放手。总要将此心运在字里行间，时复思绎，乃为心到。

今尔等读书总是混过日子，身在案前，耳目不知用到何处。心中胡思乱想，全无收敛归著之时，悠悠忽忽，日复一日，好似读书是答应人家功夫，是欺哄人家，掩饰人家耳目的勾当。昨日所不知不能者，今日仍是不知不能；去年所不知不能者，今年仍是不知不能。孝威今年十五，孝宽今年十四，转眼就长成大人矣。从前所知所能者，究竟能比乡村子弟之佳者否？诚自忖之。

读书做人，先要立志。想古来圣贤豪杰是我者般年纪时，是何气象？是何学问？是何才干？我现在那一件可以比他？想父母命我读书、延师训课，是何志愿？是何意思？我那一件可以对父母？看同时一辈人，父母常背后夸赞者，是何好样？斥詈[2]者，是何坏样？好样要学，坏样断不可学。心中要想个明白，立定主意，念念要学好，事事要学好。自己坏样一概猛省猛改，断不许少有回护，断不可因循苟且，务期与古时圣贤豪杰少小时志气一般，方可慰父母之心，免被他人耻笑。

志患不立，尤患不坚。偶然听一段好话，听一件好事，亦知歆动[3]羡慕，当时亦说我要与他一样。不过几日几时，此念就不知如何销歇去了，此是尔志不坚，还由不能立志之故。如果一心向上，有何事业不能做成？

陶桓公[4]有云："大禹惜寸阴，吾辈当惜分阴。"古人用心之勤如此。韩文公云："业精于勤而荒于嬉。"凡事皆然，不仅读书，而读书更要勤苦。何也？百工技艺及医学、农学，均是一件事，道理尚易通晓；至吾儒读书，天地民物莫非己任，宇宙古今事理均须融澈于心，然后施为有本。人生读书之日最是难得。尔等有成与否就在此数年上见分晓。若仍如从前悠忽过日，再数年依然故我，还能冒读书名色，充读书人否？思之，思之。

孝威气质轻浮，心思不能沉下。年逾成童而童心未化，视听言动，无非一种轻扬浮躁之气。屡经谕责，毫不知改。孝宽气质昏惰，外蠢内傲，又贪嬉戏，毫无一点好处可取。开卷便昏昏欲睡，全不提醒振作。一至偷闲玩耍，便觉分外精神。年已十四而诗文不知何物，字画又丑劣不堪。见人好处，不知自愧，真不知将来作何等人物！我在家时常训督，未见悔改。我今出门，想起尔等顽钝不成材料光景，心中片刻不能放下。尔等如有人心，想尔父此段苦心，亦知自愧自恨，求痛改前非以慰我否？

亲朋中子弟佳者颇少，我不在家，尔等在塾读书，不必应酬交接。外受傅训，入奉母仪可也。读书用功，最要专一，无间断。今年以我北行之故，亲朋子侄来家送我，先生又以送考耽误功课，闻二月初三、四始能上馆。所谓一年之计在于春者，又去月余矣！若夏秋有科考，则忙忙碌碌又过一年，如何是好？今特谕尔：自二月初一日起，将每日功课按月各写一小本寄京一次，便我查阅。如先生是日未在馆，亦即注明使我知之。屋前街道、屋后菜园，不准擅出行走。如奉母命出外，亦须速出速归。出必告，返必面。断不可任意往来。同学之友如果诚实发愤，无妄言妄动，固宜引为同类。倘或不然，则同斋割席[5]，勿与亲昵为要。家中书籍，勿轻易借人，恐有损失。如必须借看者，每借去则粘一条于书架，注明某日某人借去某书，以便随时取回。

庚申正月三十日

【注释】

[1] 三汊（chà）矶：在湖南。

[2] 斥詈（lì）：斥责、责骂。

[3] 歆（xīn）动：欣喜动心、触动、惊动。

[4] 陶桓公：陶侃（259—334），东晋开国元勋，军功显著，官至大司马，为当时名将。

[5] 割席：把席割开分别坐，比喻朋友间的情谊一刀两断，中止交往，或中止与志不同、道不合的人为朋友。

【点评】

严于律己，躬身垂教

左宗棠一生当中共有四个儿子，大儿子左孝威，二儿子左孝宽，三子左孝勋，四子左孝同。左宗棠一生戎马倥偬，在这种艰苦的生活中，左宗棠也不忘带上自己的儿子，希望通过在军营中的锻炼，使自己的儿子能够继承父业。

在这封书信里，左宗棠家教的主要内容表现在读书明理、自立自强、力避骄奢三个方面。

读书明理，先要立志。读书要究其理，更要践其行。正如左宗棠在这封信中所说：“读书做人，先要立志。想古来圣贤豪杰是我者般年纪时，是何气象？是何学问？是何才干？我现在那一件可以比他？想父母命我读书、延师训课，是何志愿？是何意思？我那一件可以对父母？看同时一辈人，父母常背后夸赞者，是何好样？斥詈者，是何坏样？好样要学，坏样断不可学，心中要想个明白，立定主意，念念要学好，事事要学好。自己坏样一概猛省猛改，断不许少有回护，断不可因循苟且，务期与古时圣贤豪杰少小时志气一般，方可慰父母之心，免被他人耻笑。”

为了培养子女自立自强的能力，左宗棠随手散财，俸银大部分都用在公益事业上，只给家里寄够开支的小部分银子，不为子孙积钱财。他曾在家书中明确告诫自己的子女，为子孙积财乃不爱子孙之举：“仕宦而但知积金遗子孙，不过供不肖之浪荡。”

为了不让儿子受到名士气、纨绔气的侵蚀，左宗棠曾两次上疏请辞，可谓用心良苦。左宗棠注重培养儿子的自身修养，要其养成勤勉节俭的好习惯，主要是要他们谨言慎行。左宗棠深知父母对子女的影响最大，所以他处处注意自身的言行，严于律己，躬身垂教，一生廉洁，为儿子、为孙子做了很好的榜样。

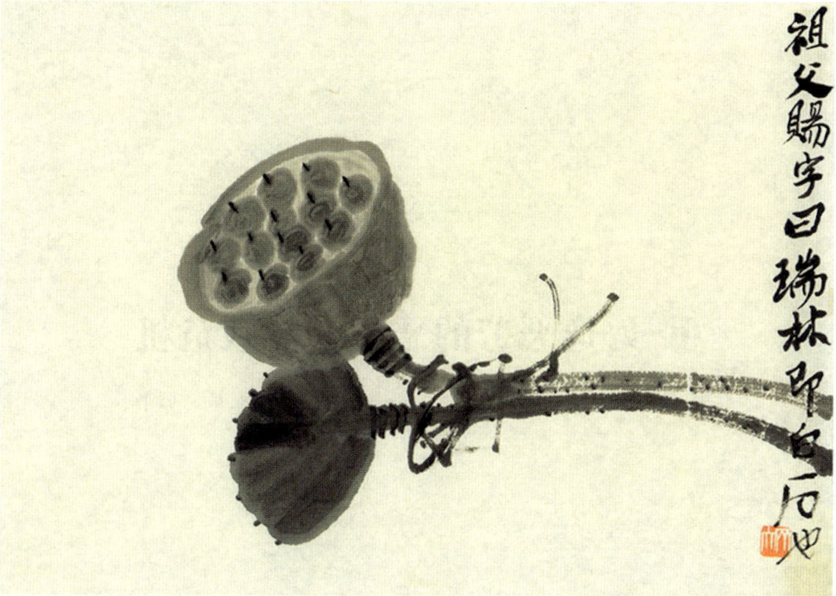

好逸恶劳的恶习会导致危机

◎胡林翼

⑩ 好逸恶劳的恶习会导致危机

——胡林翼致枫弟、敏弟

【导读】

胡林翼（1812—1861），字贶生，号润芝。湖南益阳人。晚清中兴名臣之一，湘军重要首领。抚鄂期间，注意整饬吏治，引荐人才，协调各方关系，曾多次推荐左宗棠、李鸿章、阎敬铭等，为时人所称道，著有《胡文忠公遗集》传世。这封书信是胡林翼在得知两位弟弟喜欢追求舒适生活的背景下写的，他劝诫弟弟们不要好逸恶劳。

❖【正文】

二弟在家，闻颇好舒服，兄闻之，以为非是。人生衣食住，诚为不可缺一者，然衣仅求其暖，食仅求其饱，住仅求其安，初不必衣罗绸，厌膏腴[1]，而处华美之室也。吾家素尚俭朴，祖父在时，年届古稀，而辄喜徒步，不甘坐肩舆。父亲亦常劳筋骨，饿体肤，不自逸豫[2]。吾兄弟数人，虽所禀不同，然体质均尚健硕，年又值盛壮，安可甘自暴弃，放荡形体，沃土之民不材，瘠土[3]之民向义，如之何而可忘怀耶！幸勉思所以自立，晏安鸩毒[4]，戒之戒之。

❖【注释】

[1] 膏腴（gāo yú）：肥沃。

[2] 逸豫：闲适安乐。

[3] 瘠土：指不肥沃的土壤。

[4] 鸩毒（zhèn dú）：毒酒。

❖【点评】

人不要活得太舒服

胡林翼认为，两位弟弟喜欢舒适的生活值得警惕，因为好逸恶劳的恶习必然导致危机。衣、食、住虽然是人生必不可少的东西，但也

三百石印富翁

不应该追求奢华。衣服能保暖，食物能不让人感到饥饿就行了，居住的条件安全就足够了。

在某种程度上，人的一生是一个从舒适区进入痛苦区，将痛苦区转化为舒适区的过程。一个人若想进步，就不要活得太舒服，要逼自己走出舒适区去接受挑战，就像把一只青蛙放在不冷不热的温水锅里，青蛙不仅不会跳出来，反而很享受这个过程。如果把它放在滚烫的热水锅里，它感觉烫，顺势就会跳出来，虽然受伤但不至于死亡。所以不要做一只温水里无力反抗的青蛙，要待在随时都有能力生存的痛苦区，就像企业家郭台铭所说："强者活得像蟑螂一样，在哪里都能生存。"

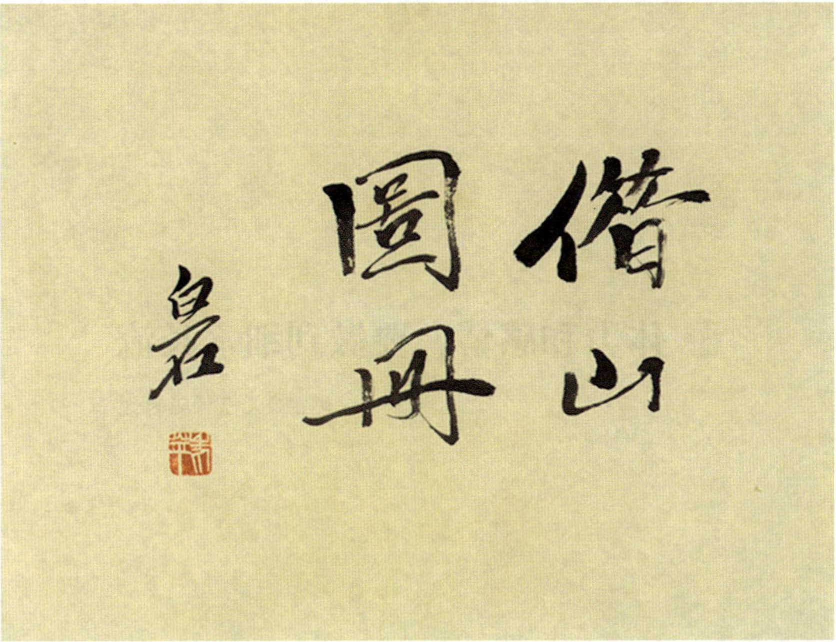

体力和感情，要做到细水长流

◎傅雷

⑪ 体力和感情，要做到细水长流

——傅雷致儿子傅聪的信

【导读】

傅雷（1908—1966），中国著名翻译家、教育家，著有《傅雷文集》等。傅雷夫妇作为中国父母的典范，一生苦心孤诣、呕心沥血培养的两个孩子——傅聪（著名钢琴大师）、傅敏（英语特级教师），是他们先做人、后成“家”，超脱小我，独立思考，因材施教等教育思想的成功体现。这是傅雷写给儿子傅聪的一封信，傅雷从孩子的健康谈到工作，亲情溢于字里行间……

❖【正文】

亲爱的孩子[1]：

这一回一天两场的演出，我很替你担心，好姆妈[2]说你事后喊手筋痛，不知是否马上就过去？到伦敦后在巴斯登台是否跟平时一样？那么重的节目，舒曼的*toccata*（《托卡塔》）和*kreisleriana*（《克莱斯勒偶记》）都相当别扭，很容易使手指疲劳；每次听见国内弹琴的人坏了手，都暗暗为你发愁。当然主要是方法问题，但过度疲劳也有关系，望千万注意！你从新西兰最后阶段起，前后紧张了一星期，回家后可曾完全松下来，恢复正常？可惜你的神经质也太像我们了！看书兴奋了睡不好，听音乐兴奋了睡不好，想着一星半点的事也睡不好……简直跟你爸爸妈妈一模一样！但愿你每年暑期都能彻底relax（放松，休憩），下月去德国就希望能好好休息。年轻力壮的时候不要太逞强，过了四十五岁样样要走下坡路：最要紧及早留些余地，精力、体力、感情，要想法做到细水长流！孩子，千万记住这话：你干的这一行最伤人，做父母的时时刻刻挂念你的健康——不仅眼前的健康，而且是十年二十年后的健康！你在立身处世方面能够洁身自爱，我们完全放心；在节约精力、护养神经方面也要能自爱才好！

你此次两过香港，想必对于我六一年春天竭力劝你取消在港的约会的理由了解得更清楚了，沈先生也来了信，有些情形和我预料的差不多。幸亏他和好姆妈事事谨慎，处处小心，总算平安度过，总的客观反应，目前还不得而知。明年的事第一要看东南亚大局，如越南战事扩大，一切都谈不到。目前对此不能多存奢望。你岳丈[3]想来也会周密考虑的。

此外，你这一回最大的收获恐怕还是在感情方面，和我们三次通话，美中不足的是五月四日、六月五日早上两次电话中你没有叫我，大概你太紧张，当然不是争规矩，而是少听见一声“爸爸”好像大有损失。妈妈听你每次叫她，才高兴呢！好姆妈和好好爹爹那份慈母般的爱护与深情，多少消解了你思乡怀国的饥渴。昨天同时收到她们俩的长信，妈妈一面念信一面止不住流泪。这样的热情、激动，真是人生最宝贵的东西。我们有这样的朋友（李先生六月四日从下午六时起到晚上九时，心里就想着你的演出。上月二十三日就得到朋友报告，知道你大概的节目），你有这样的亲长（十多年来天舅舅[4]一直关心你，好姆妈五月底以前的几封信，他都看了，看得眼睛也湿了，你知道天舅舅从不大流露感情的），把你当做自己的孩子一般，也够幸福了。她们把你四十多小时的生活行动描写得详详细细，自从你一九五三年离家以后，你的实际生活我们从来没有知道得这么多的。她们的信，二十四小时内，我们已看了四遍，每看一遍都好像和你团聚一回。可是孩子，你回英后可曾去信向她们道谢？当然她们会原谅你忙乱，也不计较礼数，只是你不能不表示你的心意。信短一些不要紧，却绝对不能杳无消息。人家给了你那么多，怎么能不回报一星半点呢？何况你只消抽出半小时的时间写几行字，人家就够快慰了！刘抗和陈人浩伯伯处唱片一定要送，张数不拘，也是心意为重。此事本月底以前一定要办，否则一出门，一拖就是几个月。

你新西兰信中提到horizontal［横（水平式）的］与vertical［纵（垂直式）的］两个字，不知是不是近来西方知识界流行的用语？还是你自己创造的？据我的理解，你说的水平的（或平面的，水平式的），是指从平等地位出发，不像垂直的是自上而下的；换言之，“水平的”是取的渗透的方式，不知不觉流入人的心坎里；垂直的是带强制性质的灌输方式，硬要人家接受。以客观的效果来说，前者是潜移默化，后者是被动的（或是被迫的）接受。不知我这个解释对不对？一个民族的文化假如取的渗透方式，它的力量就大而持久。个人对待新事物或外来的文化艺术采劝化的态度，才可以达到融会贯通、彼为我用的境界，而不至于生搬硬套，削足适履。受也罢，与也罢，从“化”字出发（我消化人家的，让人家消化我的），方始有真正的新文化。“化”不是没有斗争，不过并非表面化的短时期的猛烈的斗争，而是潜在的长期的比较缓和的斗争。谁能说“化”不包括“批判的接受”呢？

你六三年十月二十三日来信提到你在北欧和维也纳演出时，你的playing（演奏）与理解又迈了一大步；从那时到现在，是否那一大步更巩固了？有没有新的进展、新的发现？——不消说，进展必然有，我要知道的是比较重要而具体的进展！身子是否仍能不摇摆（或者极少摇摆）？

六三年十二月二十一日来信说在“重练莫扎特的*RondoinAMin*（《A 小调回旋曲》），k.511 和 *AdagioinBMin*（《B 小调柔板》）”，认为是莫扎特钢琴独奏曲中最好的作品。记得五三年以前你在家时，我曾告诉你，罗曼·罗兰最推重这两个曲子。现在你一定练出来了吧？有没有拿去上过台？还有舒伯特的 *Landler*（《兰德莱尔》）[5]？——这个类型的小品是否只宜于做 encorepiece（加奏乐曲）？我简直毫无观念。莫扎特以上两支曲子，几时要能灌成唱片才好！否则我恐怕一辈子听不到的了。

【注释】

[1] 亲爱的孩子：指傅聪，1934 年生于上海，现代著名的钢琴家。

[2] 好姆妈：指成家和，是傅雷在上海美专时的学生刘海粟的第三任妻子。

[3] 岳丈：指小提琴家曼纽因，傅聪与他的女儿弥拉在 1960 年底结婚。

[4] 天舅舅：指傅雷妻子朱梅馥的胞兄朱人秀。

[5] 兰德莱尔：奥地利舞曲，亦称德国舞曲，流行于 18、19 世纪之交。

【点评】

苦心孤诣的教子篇

《傅雷家书》是一本“充满着父爱的苦心孤诣、呕心沥血的教子篇”。在这封傅雷写给儿子的信里面，傅雷谈到了健康、工作和时局等方面的问题，展现出了傅雷对儿子的舐犊情深。这封信具有如下两个特点：

情感深挚。亲情是人间至情。孩子的一言一行，孩子的情绪变化，孩子的成功失落都无时无刻不牵着傅雷这位父亲的心，他对远在异国的儿子有着深深的担心和牵挂：“我很替你担心，好姆妈说你事后喊手筋痛，不知是否马上就过去？”“每次听见国内弹琴的人坏了手，都暗暗为你发愁。”一片深情，俱蕴于这些简单而平静的文字中。

哲理深刻。傅雷作为一名父亲，在儿子的生活中既担当着“朋友、亲人”的角色，同时却又是一位循循善诱的良师，这更多地体现在文中的侃侃而谈与谆谆告诫上。他告诉儿子：“年轻力壮的时候不要太逞强，过了四十五岁样样要走下坡路：最要紧及早留些余地，精力、体力、感情，要想法做到细水长流！”傅雷认为，人生最宝贵的东西是感情。“昨天同时收到她们俩的长信，妈妈一面念信一面止不住流泪。这样的热情、激动，真是人生最宝贵的东西。”字字句句，都蕴含着深刻的感情真知和生活哲理。

第三章 读书治学

直到登基，我才明白了读书的重要

◎刘邦

①直到登基，我才明白了读书的重要

——刘邦《手敕太子文》

【导读】

刘邦（前256—前195），沛县丰邑中阳里人，汉朝开国皇帝，史上第一位布衣天子，中国历史上杰出的政治家，对中国的统一有突出贡献。毛泽东评价刘邦是“封建皇帝里边最厉害的一个”。这是刘邦病危的时候写给儿子刘盈的一封信，希望儿子明白读书的重要性。

❖【正文】

吾遭乱世，当秦禁学，自喜，谓读书无益。洎（jì）[1] 践祚 [2] 以来，时方省书，乃使人知作者之意。追思昔所行，多不是。

尧舜不以天下与子而与他人，此非为不惜天下，但子不中立耳。人有好牛马尚惜，况天下耶？吾以尔是元子，早有立意。群臣咸称汝友四皓 [3]。吾所不能致，而为汝来，为可任大事也。今定汝为嗣。

吾生不学书，但读书问字而遂知耳，以此故不大工，然亦足自辞解。今视汝书，犹不如吾。汝可勤学习，每上疏宜自书，勿使人也。

汝见萧、曹、张、陈诸公侯，吾同时人，倍年于汝者，皆拜，并语于汝诸弟。

吾得疾遂困，以如意母子相累，其馀诸儿皆自足立，哀此儿犹小也。

❖【注释】

[1] 洎（jì）：到，及。

[2] 践祚：指即位，登基。

[3] 四皓：秦时隐士，汉代逸民，是居住在陕西商山深处的四位白发皓须、德高望重、品行高洁的老者。

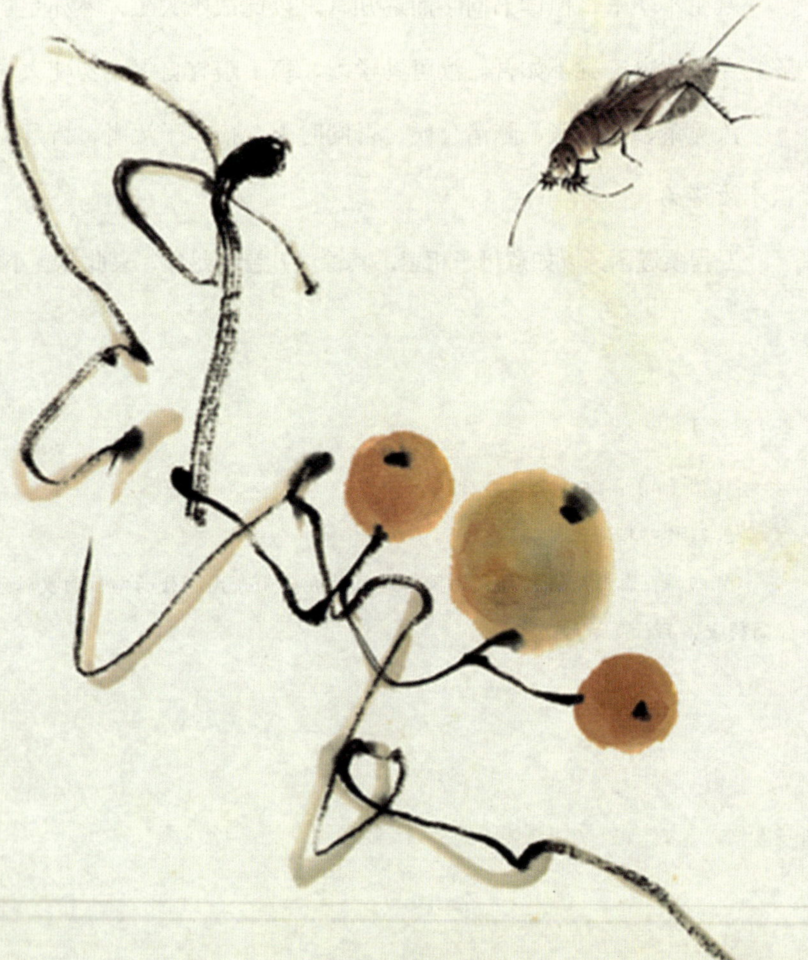

❖【点评】

读书为何很重要

这是汉高祖刘邦病危时写给长子刘盈的一封敕书，敕书确定太子刘盈为皇位继承人。

这封敕书篇幅虽不长，但却饱含了刘邦以一个父亲和帝王的身份，临终向儿子和帝位继承人的谆谆告诫：要读书、要用贤、要治理好天下。敕书一反通常的命令式口吻，而是用刘邦自己从政的切身体会要儿子理解和省悟一个帝王身上所负的重任。此敕书言简意深，情浓意重，语言朴实无华，在历代帝王敕书中别具特色。

汉高祖刘邦做了皇帝之后，想起自己早年斗鸡走狗、街市闲行的流氓生涯，深为后悔，告诫儿子说：我早年生于乱世，遇到嬴政焚书，禁止民间私藏书籍，觉得正合己意，心里很高兴，认为读书没有什么用处。等到我做了皇帝以后，才通过读书明白了许多道理，回想过去的所作所为，就知道有很多是不应该做的。

读书的一大妙处是从精神探索中培养审美趣味，提升人的思考能力，能够判别事情的是非和得失，具有远见卓识。汉高祖能由读书省察昔日言行的是非好坏，辨其轻重，并从中吸取经验教训。读书获取的理论知识越多，理解得越透彻，对生活也就会有更深的理解。

只有脚踏实地亲自去学习，才是最好的

◎孔臧

② 只有脚踏实地亲自去学习，才是最好的

——孔臧《诫子书》

【导读】

孔臧（约前201—前123），鲁国（今山东曲阜）人，孔子第十一世孙，西汉文学家。武帝时，官至太常卿，一生重视治学。这封《诫子书》是孔臧勉励自己的儿子的，希望他在勤奋学习的同时，还要注重实践。

❖【正文】

顷来闻汝与诸友生讲肄书传，滋滋[1]昼夜，衎衎[2]不怠，善矣！人之讲道，惟问其志，取必以渐，勤则得多。山霤[3]至柔，石为之穿；蝎虫至弱，木为之弊。夫霤非石之凿，蝎非木之钻，亵然而能以微脆之形，陷坚刚之体，岂非积渐之致乎？训曰："徒学知之未可多，履而行之乃足佳。"故学者所以饰百行也。

❖【注释】

[1] 滋滋：孜孜，勤勉不怠，很有兴趣。

[2] 衎衎（kàn kàn）：和乐貌；刚直从容貌。

[3] 山霤：霤，同"溜"。山间向下倾注的细小水流。

❖【点评】

学以致用很重要

在这封家信里，孔臧听说自己的儿子与一些朋友讲习经传，一天到晚孜孜不倦，勤勉无懈，感到非常欣慰。他叮嘱儿子要有坚强的意志，要获得知识必须靠逐渐积累，越勤勉才能得到越多。就像山间的流水是很柔顺的了，但石头却能被它凿穿；蝎虫是很弱小的了，但木

头却能被它蛀坏。流水本来不是凿石头的铁凿，蝎虫也不是钻木头的钻子；但是它们都能凭借微小脆弱的形体征服坚硬的东西。

孔臧还告诫儿子光学知识还不够，还应该付诸行动，正如王阳明所说："知而不行，等于不知。"读书学习是为了生活和工作，要学以致用，如果不能把学到的知识运用到工作实践中去，就等于学非所用，还浪费了学习所花费的时间。正如古人所说："仅仅学而知之还不够好，只有脚踏实地亲自去实践，才算得上最好！"

学习需要静心专一

◎诸葛亮

③ 学习需要静心专一

——诸葛亮《诫子书》

【导读】

诸葛亮（181—234），字孔明，三国时期蜀汉丞相，杰出的政治家、军事家。诸葛亮一生鞠躬尽瘁、死而后已，是中国传统文化中忠臣与智者的代表人物。《诫子书》是诸葛亮54岁时写给他8岁长子诸葛瞻的家书，教育儿子要淡泊明志，宁静致远，学以广才，珍惜光阴，务求“接世”。

❖【正文】

夫君子之行，静以修身，俭以养德。非澹泊[1]无以明志[2]，非宁静无以致远。夫学须静也，才须学也，非学无以广才，非志无以成学。慆慢[3]则不能励精，险躁则不能冶性。年与时驰，意与日去，遂成枯落，多不接世，悲守穷庐，将复何及！

❖【注释】

[1] 澹（dàn）泊：也写作“淡泊”，清静而不贪图功名利禄，内心恬淡，不慕名利，清心寡欲。

[2] 明志：表明自己崇高的志向。

[3] 慆（tāo）慢：漫不经心。慆，怠惰；慢，懈怠，懒惰。

❖【点评】

诸葛亮给儿子的九堂课

《诫子书》是诸葛亮临终前写给 8 岁儿子诸葛瞻的一封家书，阐述修身养性、治学做人的深刻道理，读来发人深省。诸葛亮作为一位品格高洁、才学渊博的父亲，《诫子书》可以说是他对自身一生经历的总结，而其对儿子的殷殷教诲与无限期望也尽在言中。

在这封只有短短的86个字的家信中，诸葛亮就给儿子上了九堂课：

第一课：宁静的力量——“静以修身，非宁静无以致远”。宁静才能够修养身心。学习的首要条件就是要有安宁的环境。现代社会的最大特征就是忙，漫漫人生路，有时需要静静心，只有心静了，才能化解所有的喧嚣与无奈，反思人生的方向。

第二课：节俭的力量——“俭以养德”。节俭，可以培养自己的德行。审慎理财，量入为出，可以摆脱负债的困扰，避免为物质所奴役。历览前贤国与家，成由勤俭败由奢。勤俭节约历来是中华民族的传统美德，更是一种积极向上的力量。

第三课：计划的力量——“非澹泊无以明志，非宁静无以致远”。人生需要早做规划与计划，不要事事讲求名利，才能够了解自己的志向。一个人一旦树立了正确崇高的理想和信念，就有了强大的精神动力和精神支柱，成功也才有了必要的保障。

第四课：学习的力量——“夫学须静也，才须学也”。天才出自勤奋。勤能补拙是良训，一分辛劳一分才。成功的关键在于勤奋，只有勤奋才能取得成功。

第五课：增值的力量——“非学无以广才，非志无以成学”。人生的投资要想增值先要立志，不愿意努力学习，就不能够增加自己的才干。但学习的过程中，决心和毅力非常重要，因为缺乏了意志力，就会半途而废。

第六课：速度的力量——“慆慢则不能励精”。拖延症是我们走向成功的大忌，成功和失败的最大差别就在于主动性上。凡事被动拖延、拖沓懒散，成功自然也不会主动来到你身边，只会对你敬而远之。决立即行，认准了就要立刻去做。

第七课：性格的力量——“险躁则不能冶性”。太过急躁就不能陶冶性情。心理学家说：“思想影响行为，行为影响习惯，习惯影响性格，性格影响命运。”生命中要做出种种平衡取舍，要“励精”，也要“冶性”。性格是一把能开启你成功之门的钥匙。

第八课：时间管理的力量——“年与时驰，意与日去”。“少壮不努力，老大徒伤悲”，一个人的成就取决于他的行动，而一个人的成就跟他个人时间管理的能力成正比。

第九课：想象的力量——“遂成枯落，多不接世，悲守穷庐，将复何及！”时光飞逝，当自己变得和世界脱节，才悲叹蹉跎岁月已经于事无补。要懂得居安思危，才能够临危不乱。想象力比知识更有力量。然而，理想可以很远大，但要实现理想，就必须脚踏实地，从小事做起，从眼前最基本的事情做起。

读书是人生最大的乐事

◎家颐

4 读书是人生最大的乐事

——家颐《教子语》

【导读】

家颐，生卒年不详，字养正，宋朝眉山（今属四川）人，著有《子家子》。这篇家训深入浅出，表现了他独特的读书和教子之道。

❖【正文】

人生至乐，无如读书；至要，无如教子。父子之间，不可溺于小慈。自小律之以威，绳之以礼，则长无不肖之悔。教子有五：导其性，广其志，养其才，鼓其气，攻其病，废一不可。养子弟如养芝兰，既积学以培植之，又积善以滋润之。人家子弟惟可使觌德，不可使见利。富者之教子须是重道，贫者之教子须是守节。子弟之贤不肖系诸人，其贫贵贱系之天。世人不忧其在人者而忧其在天者，岂非误耶？

❖【点评】

读书不是苦差事

在这则家训里，家颐认为教子是人一生中最重要的事。他列举了教子的五项基本内容，把教子比喻成养花，应精心培育，才能修得正果，强调不同家庭教子的方法也应不同，但不管怎样都应把子女教育成为至贤至孝之人。

家颐还认为读书并不是很辛苦的事情，而是人生最大的乐事，这也是经验之谈，其实读书自有一种旁人无法理解的乐趣，不是“头悬梁”“锥刺股”的苦差事，用不着“黄金屋”“颜如玉”来当药引，因为天下真正的乐事都是用不着规劝的。正如作家阿来所说：“读书乃天下一大乐事，无需规劝”，关于这一点，民国著名作家林语堂说得更直接：“天下读书成名的人皆以读书为乐。”

日常读书学习，要多向老师请教

◎ 朱熹

⑤ 日常读书学习，要多向老师请教

——朱熹《与长子受之》

【导读】

朱熹（1130—1200），字元晦，号晦庵，徽州婺源（今属江西婺源）人，南宋著名哲学家。朱熹一生闲居讲学长达四十余年，对经学 、史学、文学、乐律乃至自然科学都有研究，是宋代理学的集大成者，被后世尊称为朱子。元明以后，以其所注之《四书章句集注》作为科举录取士人之标准，数百年来朱子对于学术政俗之影响，可谓至深且巨。朱熹有三子五女，皆贤。这是朱熹写给在外求学的儿子的一封信，教育儿子该如何学习、做人。

❖【正文】

早晚受业请益，随众例不得怠慢。日间思索有疑，用册子随手札记，候见质问，不得放过。所闻诲语，归安下处，思省切要之言，逐日札记，归日要看，见好文字，录取归来。不得自擅出入，与人往还。初到，问先生有合见者见之，不合见则不必往。人来相见，亦启禀然后往报之，此外不得出入一步。居处须是居敬，不得倨肆惰慢。言语须要谛当，不得戏笑喧哗。凡事谦恭，不得尚气凌人，自取耻辱。不得饮酒，荒思废业，亦恐言语差错，失己忤人，尤当深戒。不可言人过恶，及说人家长短是非。有来告者，亦勿酬答。于先生之前，尤不可说同学之短。

交游之间，尤当审择。虽是同学，亦不可无亲疏之辨。此皆当请于先生，听其所教。大凡敦厚忠信，能攻吾过者，益友也；其谄谀轻薄，傲慢亵狎，导人为恶者，损友也。推此求之，亦自合见得五七分，更问以审之，百无所失矣。但恐志趣卑凡，不能克己从善，则益者不期疏而日远，损者不期近而日亲，此须痛加检点而矫革之。不可荏苒渐习，自趋小人之域，如此则虽有贤师长，亦无救拔自家处矣。见人嘉言善行，则敬慕而纪录之。见人好文字胜己者，则借来熟看，或传录之，而咨问之，思与之齐而后已。不拘长少，惟善是取。

以上数条，切宜谨守，其所未及，亦可据此推广，大抵只是勤谨二字。循之而上，有无限好事。吾虽未敢言，而窃为汝愿之。反之而下，有无限不好事。吾虽不欲言，而未免为汝忧之也。盖汝若好学，在家足可读书作文，讲明义理，不待远离膝下，千里从师。汝既不能如此，即是自不好学，已无可望之理。然今遣汝者，恐汝在家汩于俗务，不得专意；又父子之间，不欲昼夜督责，及无朋友闻见，故令汝一行。汝若到彼，能奋然勇为，力改故习，一味勤谨，则吾犹有望。不然则徒劳费，只与在家一般；他日归来，又只是旧时伎俩人物。不知汝将何面目归见父母亲戚乡党故旧耶？念之！念之！夙兴夜寐，无忝尔所生，在此一行，千万努力。

【点评】

朱熹的教子方法

这是南宋著名哲学家、教育家朱熹送长子朱塾（字受之）去婺州金华（今浙江金华）求学时写的一封家书，朱熹语重心长地教育朱塾勤学习、交益友，一片殷殷之情，爱子之意跃然纸上，成为古代家书的名篇。

朱熹的儿子在外读书，虽不在身边，但他仍不忘教诲之责。朱熹在教导儿子应如何在私塾学习生活的同时，还点明了一些为人处世的道理，包含多种值得后人效法的教子方法：

在学习上，要勤苦努力，尊敬老师，唯老师之命是从；要多思多问，多写多记。

在交友上，要谨慎选择，交结益友，疏远损友。

在修身上，不要随便议论别人的缺点；切莫夸耀自己的长处。对有仇隙的人，用摆事实、讲道理的办法来解除仇隙。对埋怨自己的人，用坦诚正直的态度对待他。

在尚德上，遇见老人要尊敬，遇见小孩要爱护。有德行的人，即使年纪比你小，你也一定要尊敬他。品行不端的人，即使年纪比你大，你也一定要远离他。

这封家信寓严于慈，既有严厉的指责和痛切的教导，也有恳切的期望和慈厚的宽宥，末尾引《诗经·小雅·小宛》的诗句，犹如当头棒喝，催人振奋。

读书目过口过，不如手过

◎李光地

6 读书目过口过，不如手过

——李光地谕儿

【导读】

李光地(1642—1718)，字晋卿，号厚庵，别号榕村，福建安溪人。康熙年间进士，历任内阁学士、兵部侍郎、顺天学政、直隶巡抚、文渊阁大学士（宰相）兼吏部尚书，著有《榕村全集》。这是他写给儿子的一封家书，教育儿子如何读书学习。

✥【正文】

“口不绝吟于六艺之文，手不停披于百家之篇；纪事者必提其要，纂言者必钩其玄。贪多务得，细大不捐；焚膏油以继晷，恒兀兀以穷年。”此文公自言读书事也。其要诀却在“纪事”“纂言”两句。

凡书，目过口过，总不如手过。盖手动则心必随之。虽览诵二十遍，不如钞撮一次之功多也。况必提其要，则阅事不容不详；必钩其玄，则思理不容不精。若此中更能考究同异，剖断是非，而自纪所疑，附以辩论，则浚心愈深，着心愈牢矣。

近代前辈当为诸生时，皆有经书讲旨及《纲鉴》《性理》等钞略，尚是古人遗意，盖自为温习之功，非欲垂世也。今日学者亦不复讲，其作为书、说、史、论等刊布流行者，乃是求名射利之故，不与为己相关，故亦卒无所得。盖有书成而了不省记者，此又可戒而不可效。

✥【点评】

抄书，读书的妙法

在这篇家训中，李光地提出了自己的读书见地，认为大凡读书，阅读过或吟诵过，都不如亲自动手更有效果。这是因为动手时心一定

杏子隖老民
白石

会随之动。即使浏览或吟诵过20遍，其效果不如摘抄一次的功效大。

古人的抄书并非迫不得已，而是一种非常有效的读书方法，通过抄书把握原作的精髓进行消化、吸收。大文豪苏东坡就抄过三遍《汉书》，近代“百科全书式”大学者梁启超在《治国学杂话》中也谈到他的“抄书阅读法”：“若问读书方法，我想向诸君上一个条陈，这方法是极陈旧的极笨极麻烦的，然而实在是极必要的。什么方法呢？是抄录……抄书便是促醒注意及继续保存注意的最好方法。”

不论境遇如何，都要好好读书

◎梅文鼎

7 不论境遇如何，都要好好读书

——梅文鼎《送仲弟文鼐入城读书序》

【导读】

梅文鼎（1633—1721），字定九，号勿庵，安徽宣城人。清代天文学家、数学家。他讲求经世致用之学，精研天文历数，制作测算仪器；治学不问中西古今，概以科学为准绳。他一生著书八十余种。在这篇书序中，梅文鼎表达了读书要致用的思想。

❖【正文】

境苦乐无常，人心为之也。适千里者百里跬步，适万里者千里门庭，闭户光生，瞻户外履，惊跋涉矣。夏日中天，行者望扶苏一木，趋而憩之，如清凉国；重檐广厦，铺簟当风，侍者交扇，喘若吴牛。夫一木不凉于广厦，户外不远于千里，心之所存，境从而变，天下事大抵然也。夫贵者方以冕组桎梏，或注意林下；富者方以多财为祸患，而朵颐灵龟。苟其地易，彼此交羡，若乐庸有定乎？童稚妇女子謦咳，门以外之剥啄，偶接于耳而乱人心者，意相关也；号叫怒詈，鞭笞击斗之纷拿，杂然吾目而无所于动者，于意无涉也，故心有所忧，静乃成喧，及其既安，闹转成寂。存系者在远犹亲，专营者视物无睹。君子素位而行，无人不自得；若必待日用所需，种种具足，远离尘俗，遗世独立，乃始毕力为吾所欲为，自少逮老，安所得此闲旷之时与地而用之耶？

吾观古人之著作，多出穷愁无聊之极，至有受书囹圄、执卷马上者，彼其人宁独异乎？昔伯牙学琴概成，其师引而之穷岛无人之境，天风海涛，呼吸震荡，伯牙顿叹其师之移我情也。吾弟此行，若能凝乃神，笃乃虑，寝食梦寐，惟书是求，则断简残编，无往非治境治心之要；发为文章，必光明雄骏，向来心境，日以变化。此郡城一席地，命曰“天风海涛”可矣！

❖【点评】

不要为不好好读书找借口

在梅文鼎看来，境者，心造也。环境的痛苦与否和快乐没有必然的联系，人心是决定它的条件。行千里的人看待行百里路就像行了几步，行万里的人看待行千里的路就像在院子里行走。关闭着门户只空想的人看着屋外行走的人，惊叹着他们走得真是辛苦。

读书的时候，不论环境如何，只要专心致志、心无旁骛地努力奋斗，都能读书有成。再说古人的著作多诞生于艰难的逆境之中，现代人的读书环境大都是强过古人的，所以有志者事竟成，不要为自己的不努力读书而找环境差之类的借口。

读书在精不在多

◎汪惟宪

8 读书在精不在多

——汪惟宪《寒灯絮语》

【导读】

汪惟宪（1681—1742），字子宜，号水莲，清代仁和（今浙江杭州）人。雍正七年拔贡，工诗善书，著有《尊闻录》《积山诗文集》。这篇家训主要是谈对读书的一些独到见解。

❖【正文】

古人读书，贵精不贵多。非不事多也，积少以至多，则虽多而不杂，可无遗忘之患。此其道如长日之加益，而人颇不觉也。是故由少而多，而精在其中矣。一言以蔽之曰：无间断。间断之害，甚于不学。有人于此，自其幼时嬉戏无度，及长，始知向学，深嗜笃好，人虽休吾弗休，人将卧吾弗卧，不数年便可成就。苏明允[1]年二十七才大发愤，谢其往来少年，闭户读书，卒为大儒，此可证。若名为士人，而悠悠忽忽，一曝十寒，人生几何，凡所谓百年者皆妄也。必也甫离成童即排岁月次第，为立以中下之资自居，每日限读书若干。一岁之中，除去庆唁祭扫交接游宴之事，大率以二百七十日为断。此二百七十日中须严立课程，守其道而无变，十年之间，经书可毕。且如此绳绳不已，则资之钝者亦敏。而书可渐增。再加十年，子史古文俱渐次可毕矣。

❖【注释】

[1] 苏明允：苏洵（1009—1066），字明允，眉州眉山人，北宋文学家，与其子苏轼、苏辙皆以文学著称于世，世称“三苏”。

❖【点评】

好书不厌百回读

汪惟宪强调，读书在精不在多，古代读书人因为书籍难得，皓首穷年才能治一经，书虽读得少，读一部就是一部，读得滚瓜烂熟，透入身心，最后变成一种精神的原动力，一生都受用。现代社会，人们很容易就能得到书籍，不少人吹嘘读书万卷，多为装点门面，浅尝辄止的多，深度阅读的却很少，没有深入灵魂去消化，虽珍奇满目，徒惹得心花意乱，空手而归，成就反而没有古代读书人高。所以读书就像作战，须攻坚挫锐，占住要塞，只东打一耙，西打一耙，就成了“消耗战”，往往自取其败。“好书不厌百回读，熟读深思子自知”，这两句诗值得每个读书人悬为座右铭。

除了读书在精，汪惟宪还认为读书要持之以恒，不能三天打鱼两天晒网，只有坚持不懈地努力，才能成为“大儒”。

读书无须择地择时，只须真心

◎曾国藩

9 读书无须择地择时，只须真心

——《曾国藩家书·致诸弟》

【导读】

曾国藩（1811—1872），晚清理学家、政治家、书法家、文学家，官至两江总督、直隶总督、武英殿大学士，“晚清中兴第一名臣”，与张之洞、李鸿章、左宗棠并称“晚清中兴四大名臣”。这封信选自《曾国藩家书》，是曾国藩谈论治学之道的一封重要的信。

❖【正文】

诸位贤弟足下：

十月廿一，接九弟在长沙所发信，内途中日记六页，外药子一包。廿二接九月初二日家信，欣悉以慰。

自九弟出京后，余无日不忧虑，诚恐道路变故多端，难以臆揣。及读来书，果不出吾所料，千辛万苦，始得到家，幸哉幸哉！郑伴之不足恃，余早已知之矣。郁滋堂如此之好，余实不胜感激！在长沙时，曾未道及彭山屺。何也？又为祖母买皮袄，极好极好！可以补吾之过矣。

观四弟来信甚详，其发愤自励之志，溢于行间；然必欲找馆出外，此何意也？不过谓家塾离家太近，容易耽搁，不如出外较清净耳。然出外从师，则无甚耽搁；若出外教书，其耽搁更甚于家塾矣。且苟能发愤自励，则家塾可读书，即旷野之地、热闹之场，亦可读书，负薪牧豕[1]，皆可读书。苟不能发奋自立，则家塾不宜读书，即清净之乡、神仙之境皆不能读书。何必择地？何必择时？但自问立志之真不真耳！

六弟自怨数奇[2]，余亦深以为然。然屈于小试辄发牢骚，吾窃笑其志之小，而所忧之不大也。君子之立志也，有民胞物与之量，有内圣外王之业，而后不忝于父母之所生，不愧为天地之完人。故其为忧也，以不如舜、不如周公为忧也，以德不修、学不讲为忧也。是故顽民梗化则忧之，蛮夷猾夏[3]则忧之，小人在位贤才否闭则忧之，匹夫匹妇不被己泽则忧之，所谓悲天命而悯人穷，此君子之所忧也。若夫一身之屈伸，一家之饥饱，世俗之荣辱得失、贵贱毁誉，君子固不暇忧及此也。六弟屈于小试，自称数奇，余窃笑其所忧之不大也。

盖人不读书则已，亦即自名曰读书人，则必从事于《大学》。《大学》之纲领有三：明德、新民、止至善，皆我分内事也。若读书不能体贴到身上去，谓此三项与我身毫不相涉，则读书何用？虽使能文能诗，博雅自诩，亦只算得识字之牧猪奴耳，岂得谓之明理有用之人也乎？朝廷以制艺取士，亦谓其能代圣贤立言，必能明圣贤之理、行圣贤之行，可以居官莅民，整躬率物也。若以明德、新民为分外事，则虽能文能诗，而于修己治人之道实茫然不讲，朝廷用此等人做官，与用牧猪奴做官何以异哉？

然则既自名为读书人，则《大学》之纲领皆己立身切要之事明矣。其条目有八，自我观之，其致功之处，则仅二者而已：曰格物，曰诚意。格物，致知之事也；诚意，力行之事也。物者何？即所谓本末之物也。身心意知家国天下皆物也，天地万物皆物也，日用常行之事皆物也。格者，即物而穷其理也。如事亲定省，物也；究其所以当定省之理，即格物也。事兄随行，物也；究其所以当随行之理，即格物也。吾心，物也；究其存心之理，又博究其省察涵养以存心之理，即格物也。吾身，物也；究其敬身之理，又博究其立齐坐尸以敬身之理，即格物也。每日所看之书，句句皆物也；切己体察、穷究其理即格物也。此致知之事也。所谓诚意者，即其所知而力行之，是不欺也。知一句便行一句，此力行之事也。此二者并进，下学在此，上达亦在此。

吾友吴竹如格物功夫颇深，一事一物皆求其理。倭艮峰先生则诚意功夫极严，每日有日课册，一日之中，一念之差，一事之失，一言一默，皆笔之于书，书皆楷字。三月则订一本，自乙未年起，今三十本矣。尽其慎独之严，虽妄念偶动，必即时克治，而著之于书，故所读之书，句句皆切身之要药。兹将艮峰先生日课，抄三页付归，与诸弟看。

余自十月初一日起，亦照艮峰样，每日一念一事，皆写之于册，以便触目克治，亦写楷书。冯树堂与余同日记起，亦有日课册。树堂极为虚心，爱我如兄，敬我如师，将来必有所成。余向来有无恒之弊，自此次写日课本子起，可保终身有恒矣。盖明师益友，重重夹持，能进不能退也。本欲抄余日课册付诸弟阅，因今日镜海先生来，要将本子带回去，故不及抄。十一月有折差，准抄几页付回也。

余之益友，如倭艮峰之瑟僩[4]，令人对之肃然。吴竹如、窦兰泉之精义，一言一事，必求至是。吴子序、邵蕙西之谈经，深思明辨。何子贞之谈字，其精妙处，无一不合，其谈诗尤最符契。子贞深喜吾诗，故吾自十月来，已作诗十八首，兹抄二页付回，与诸弟阅。冯树堂、陈岱云之立志，汲汲不遑，亦良友也。镜海先生，吾虽未尝执贽请业，而心已师之矣。

吾每作书与诸弟，不觉其言之长，想诸弟或厌烦难看矣。然诸弟苟有长信与我，我实乐之，如获至宝，人固各有性情也。

余自十月初一日起记日课，念念欲改过自新；思从前与小珊有隙，实是一朝之忿，不近人情，即欲登门谢罪。恰好初九日小珊来拜寿，是夜余即至小珊家久谈。十三日与岱云合伙请小珊吃饭，从此欢笑如初，前隙尽释矣。金竺虔报满用知县，现住小珊家，喉痛月余，现已全好。李碧峰在汤家如故。易莲舫要出门就馆，现亦甚用功，亦学倭艮峰者也。同乡李石梧已升陕西巡抚。两大将军皆锁拿解京治罪，拟斩监候。英夷之事，业已和抚。去银二千一百万两，又各处让他码头五处。现在英夷已全退矣。两江总督牛鉴，亦锁解刑部治罪。近事大略如此，容再续书。

兄国藩手具

道光廿二年十月廿六日

【注释】

[1] 负薪牧豕：负薪，背负薪柴。汉代有一个叫作朱买臣的人，他读书非常刻苦，就算是背着柴薪还在读书。牧豕，放养着猪。汉代函宫一边放猪，同时还在听讲解经书。

[2] 数奇：命运不好，遇事不利。

[3] 猾夏：夏，华夏，指中国。

[4] 瑟（sè）僩：亦作“僩瑟”，指庄敬宽厚。

❖【点评】

读书是一生的修行

“读书改变命运”，曾国藩深谙其道，并曾言：“不可一日不读书”“读书无须择地，无须择时，只须真心和诚意”。曾国藩认为读书与环境并无关系，而在于自己的心境。如果真的立志读书，不仅在家里的私塾可以读书，在空旷的荒野里、在人多热闹的地方、在背柴放牧的时候，也可以读书；如果读书不是发自真心的，就算是清净的地方、神仙的居所，也不适合读书。

读书是一生的修行，是一种持续增长的状态、持续自我进化的方法。读书使人明智，并不意味着读了书马上就可以变得有智慧，而是说读书后能看清是是非非，理清是非判断。这份智慧也许你天生就有，也许你就是从读书的过程中慢慢获得的。

读书学习应从细处着眼，而不能走马观花

◎ 彭玉麟

⑩ 读书学习应从细处着眼，而不能走马观花

——彭玉麟致弟

【导读】

彭玉麟(1816—1890),字雪琴,祖籍湖南衡阳。咸丰三年(1853),跟从曾国藩创办湘军水师。为人耿直，刚正不阿，淡泊名利，有“彭青天”之美誉。彭玉麟多才多艺，诗书画俱佳，梅花墨为清代画坛“两绝”之一（另一绝为郑板桥墨竹）。在治家方面亦极严格，其子违犯军令被处斩，不徇私情。在这篇家信中，彭玉麟告诫其弟在读书学习时要下苦功夫钻研，不能一知半解。

❖【正文】

读书当如刺绣，细针密缕处，方见工巧。若一编在手，随意乱翻几页，钞摘几章，则此书之大局精处茫然不知也。走马看花，骚雅不取，即此意也。为学又不可求速效，能困心横虑，便有郁积思通之象。愚公移山，非讥其愚，直喻其智。是以聪明多自误，庸鲁反有为耳。徐穆堂、王心庐两君虽少晋接，闻名已久，大约为尔之师，尚不辱没，盖两君不徒博雅能文，其淳实宏通，已非弟能窥其堂奥者矣。宜常存敬畏之心，不可甘自暴弃，慢亵尊长，于师道上尽一分，便是一分学；尽十分，便是十分学。日课不可间断，遵照定例以限制之，亦复得益。师课之严便是。进功之阶，因循苟且，非愿闻也。

❖【点评】

读书一知半解危害很大

彭玉麟把读书比作刺绣，告诫其弟读书学习应从细处着眼，而不能走马观花，只求一知半解；在遇到关键问题时不能自以为是，学习应循序渐进，欲速则不达，要有愚公移山之志。

读书使人聪明，前提是读懂。若是读个一知半解、望文生义，学到的知识也只是一知半解，无助于能力的提高，很容易使人自以为是。一知半解的事物不仅不能用，有时甚至危害很大，所以读书要下苦功夫。

第四章 亲情牵挂

对你的思念无处安放

◎佚名

❶ 对你的思念无处安放

——代替阎姬写给儿子宇文护的信

【导读】

阎姬是南北朝时期北周权臣宇文护（513—572）的母亲，早在北周建立之前，阎姬就在战乱中陷没于北齐并被幽禁，从此母子分离长达35年。后来北周、北齐彼此争战，北周日渐强大，而北齐日见窘迫。北周武帝保定三年（563），北周与突厥合兵大破北齐，双方在收兵之日相约来年再次南北夹击北齐。北齐皇帝大惧，遣使请和，并称可以归还此前陷没在北齐的北周皇姑及众戚属，阎姬亦在名列。北齐王听闻宇文护至孝，便想送还阎姬，冀以母子之情打动四处征伐的宇文护，于是就请人代替阎姬先作《为阎姬与子宇文护书》一篇送至宇文护手中。

❖【正文】

天地隔塞，子母异所，三十余年，存亡断绝，肝肠之痛，不能自胜。想汝悲思之怀，复何可处。吾自念十九入汝家，今已经八十矣。既逢丧乱，备尝艰阻。恒冀汝等长成，得见一日安乐。何期罪衅[1]深重，存殁分离。吾凡生汝辈三男三女，今日目下，不见一人。兴言及此，悲缠肌骨。

赖皇齐恩恤，差安衰暮。又得汝杨氏姑及汝叔母纥干、汝嫂刘新妇等同居，颇亦自适。但为微有耳疾，大语方闻。行动饮食，幸无多恙。今大齐圣德远被[2]，特降鸿慈，既许归吾于汝，又听先致音耗。积稔长悲，豁然获展。此乃仁侔[3]造化，将何报德！

汝与吾别之时，年尚幼小，以前家事，或不委曲。昔在武川镇生汝兄弟，大者属鼠，次者属兔，汝身属蛇。鲜于修礼起日，吾之阖家大小，先在博陵郡住。相将欲向左人城，行至唐河之北，被定州官军打败。汝祖及二叔，时俱战亡。汝叔母贺拔及儿元宝，汝叔母纥干及儿菩提，并吾与汝六人，同被擒捉入定州城。未几间，将吾及汝送与元宝掌。贺拔、纥干，各别分散。宝掌见汝，云："我识其祖翁，形状相似。"时宝掌营在唐城内。经停三日，宝掌所掠得男夫、妇女，可六七十人，悉送向京。吾时与汝同被送限。至定州城南，夜宿同乡人姬库根家。茹茹奴望见鲜于修礼营火，语吾云："我今走向本军。"既至营，遂告吾辈在此。明旦日出，汝叔将兵邀截，吾及汝等，还得向营。汝时年十二，共吾并乘马随军，可不记此事缘由也？于后，吾共汝在受阳住。时元宝、菩提及汝姑儿贺兰盛洛，并汝身四人同学。博士姓成，为人严恶，汝等四人谋欲加害。吾共汝叔母等闻之，各捉其儿打之。唯盛洛无母，独不被打。其后尔朱天柱亡岁，贺拔阿斗泥在关西，遣人迎家累。时汝叔亦遣奴来富迎汝及盛洛等。汝时著绯绫袍、银装带，盛洛著紫织成缬通身袍、黄绫里，并乘骡同去。盛洛小于汝，汝等三人并呼吾作“阿摩敦”[4]。如此之事，当分明记之耳。今又寄汝小时所著锦袍表一领，至宜检看，知吾含悲戚多历年祀。

属千载之运，逢大齐之德，矜老开恩，许得相见。一闻此言，死犹不朽，况如今者，势必聚集。禽兽草木，母子相依，吾有何罪，与汝分离，今复何福，还望见汝。言此悲喜，死而更苏。世间所有，求皆可得，母子异国，何处可求。假汝贵极王公，富过山海；有一老母，八十之年，飘然千里，死亡旦夕，不得一朝暂见，不得一日同处，寒不得汝衣，饥不得汝食，汝虽穷荣极盛，光耀世间，汝何用为？于吾何益？吾今日之前，汝既不得申其供养，事往何论。今日以后，吾之残命，唯系于汝，尔戴天履地，中有鬼神，勿云冥昧，而可欺负。

汝杨氏姑，今虽炎暑，犹能先发。关河阻远，隔绝多年，书依常体，虑汝致惑，是以每存款质，兼亦载吾姓名。当识此理，勿以为怪。

✥【注释】

[1] 罪衅：罪行，过恶。

[2] 被（pī）：同“披”，散布。

[3] 侔（móu）：相等的。

[4] 阿摩敦：古鲜卑语，意指母亲。

✥【点评】

战火背后的母子情

著名学者钱钟书说：“北齐无文章，惟《阎姬与宇文护书》。”这是一封北齐请人代替母亲写给儿子，希望北齐免招灭亡的家书。因战乱，阎姬被北齐幽禁，和儿子音讯隔离 35 年。北周进犯北齐，北齐把阎姬推向前台，以年逾 80 的老母之名写信给阎姬之子、北周重臣宇文护。

因为当时的宇文护在北周权倾朝野，所以北齐朝廷把阎姬这个政治“筹码”看得很重，北齐先行送还北周皇姑等人，却留着阎姬迟迟不送，冀为后图，并让阎姬作家书一封给宇文护，既说明阎姬在北齐之实，亦欲动宇文护之孝情，并申明其示好之意。

“三十年了，你我母子天各一方，音讯全无，死生未知。相互的思念无处安放，那种肝肠寸断的痛苦是任何人都无法承受的。”家书

中回忆往事，于颠沛流离之际的一些平常事中见母子情深，令人感动。

这封信的代写者以阎姬的口吻述说宇文护年幼时事，还寄去他小时候穿的锦袍作为证明，信末连用四字句，力陈老妪孤零飘摇之悲愤。宇文护接到书信，悲从中来，决心迎接母亲归国，并回信《报母书》一封，写年少与母亲因战乱分离，数年不知母亲生死，日夜牵肠挂肚，却又叩问无门。突然收到北齐来信，得知母亲健在，相会有期，禁不住“魂爽飞越，号天叩地，不能自胜”。其中饱含着不能尽孝之悔、母子流离失所之恨、重聚指日可待之喜。这封信文采飞扬，感人肺腑，可谓“一味情真，字字滴泪”。

我没什么遗憾的，心里唯一牵挂的是你们兄弟

◎刘备

❷ 我没什么遗憾的，心里唯一牵挂的是你们兄弟

——刘备《诫刘禅》

【导读】

刘备（161—223），字玄德，东汉末年涿郡涿县（今河北涿州）人，西汉中山靖王刘胜的后代。东汉末年起兵，参与镇压黄巾起义军。先后投靠袁绍、刘表等人。后三顾茅庐，得诸葛亮辅佐，采用联孙拒曹的策略，大败曹操于赤壁，占领荆州。又夺取益州和汉中。221 年在成都称帝，223 年在白帝城病逝。这则家训是刘备病逝前写给儿子刘禅的，希望他“勿以恶小而为之，勿以善小而不为”。

✥【正文】

朕初疾，但下痢耳，后转杂他病，殆不自济。人五十不称夭，年已六十有余，何所复恨，不复自伤，但以卿兄弟为念。射君[1]到，说丞相[2]叹卿智量，甚大增修，过于所望，审能如此，吾复何忧？勉之！勉之！勿以恶小而为之，勿以善小而不为。惟贤惟德，能服于人。汝父德薄，勿效之。可读《汉书》《礼记》，闲暇历观诸子及《六韬》《商君书》，益人意智。闻丞相为写《申》《韩》《管子》《六韬》一通已毕，未送，道亡[3]，可自更求闻达。

✥【注释】

[1] 射君：即射援，蜀汉名臣。

[2] 丞相：此指诸葛亮。

[3] 道亡：于道路上遗失。

✥【点评】

亲情无歧视，贤愚都爱

刘备早年颠沛流离，大器晚成，也是老来得子，因此对第一个出生的儿子刘禅特别疼爱，所以临终之际对儿子牵肠挂肚：“我已经活

了六十多年了，没有什么可遗憾的，也不再有什么伤感的事了，心里唯一牵挂的是你们兄弟。”

但是刘禅娇生惯养，能力也不是很强。听到诸葛亮夸刘禅“天资仁敏，爱德下士”，刘备虽然感到很欣慰，但依然对刘禅还是很不放心，并告诫他：“你与诸葛丞相共掌国事，一定要像对待父亲那样对待他。凡事不要因为错误很小而去做，也不要因为只是一件较小的善事就不去做。只有贤良美德，才能使人信服。”

儿子再怎么不好，永远是自己疼爱的儿子，不会因为儿子的贤愚而减少疼爱，这就是人间伟大的亲情。

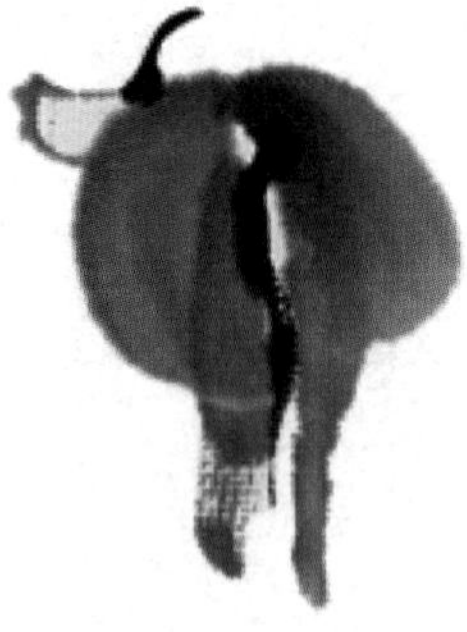

对孩子应该慈爱中威严

◎ 颜之推

③ 对孩子应该慈爱中威严

——颜之推《颜氏家训·教子篇》

【导读】

颜之推（531—约597），生于南北朝时期，曾在北齐和北周做官，著名文学家和教育家。他结合自己的人生经历、处世哲学，写了一本《颜氏家训》，主要用于教导子孙，一共七卷二十篇，内容包括历史、文学、训诂、文字、音韵、民俗、社会、伦理、教育等，阐述立身治家的方法，强调教育体系应以儒学为核心，尤其注重对孩子的早期教育。该书是他对自己一生有关立身、处世、为学经验的总结，内容切实，具有一种独特的朴实风格，被后人誉为家教规范，影响很大。

✣【正文】

上智不教而成，下愚虽教无益，中庸之人[1]，不教不知也。古者，圣王有“胎教”之法：怀子三月，出居别宫，目不邪视，耳不妄听，音声滋味，以礼节之。书之玉版，藏诸金匮[2]。生子咳提，师保固明孝仁礼义，导习之矣。凡庶纵不能尔，当及婴稚，识人颜色、知人喜怒，便加教诲，使为则为，使止则止。比及数岁，可省笞罚。父母威严而有慈，则子女畏慎而生孝矣。

吾见世间，无教而有爱，每不能然；饮食运为，恣其所欲，宜诫翻奖，应诃反笑，至有识知，谓法当尔。骄慢已习，方复制之，捶挞至死而无威，忿怒日隆而增怨，逮于成长，终为败德。孔子云“少成若天性，习惯如自然”是也。俗谚曰：“教妇初来，教儿婴孩。”诚哉斯语。

凡人不能教子女者，亦非欲陷其罪恶；但重于诃怒，伤其颜色，不忍楚挞[3]惨其肌肤耳。当以疾病为谕，安得不用汤药针艾救之哉？又宜思勤督训者，可愿苛虐於骨肉乎？诚不得已也。

父子之严，不可以狎；骨肉之爱，不可以简。简则慈孝不接，狎[4]则怠慢生焉。

人之爱子，罕亦能均；自古及今，此弊多矣。贤俊者自可赏爱，顽鲁者亦当矜怜。有偏宠者，虽欲以厚之，更所以祸之。

齐朝有一士大夫，尝谓吾曰：“我有一儿，年已十七，颇晓书疏，教其鲜卑语及弹琵琶，稍欲通解，以此伏事公卿，无不宠爱，亦要事也。”吾时俛[5]而不答。异哉，此人之教子也！若由此业，自致卿相，亦不愿汝曹为之。

❖【注释】

[1] 中庸之人：中等智力的人，普通人。

[2] 匮：柜子，后来写作“柜”。

[3] 楚挞：杖打。楚，打人用的荆条。挞，打。

[4] 狎：亲近而态度不庄重。

[5] 俛（fǔ）：同“俯”，屈身；低头。

❖【点评】

过分溺爱会使孩子养成骄横的习惯

在这篇家训里，有几点很值得现代家长学习：首先，《颜氏家训》主张对子女有爱有教，有慈爱有威严，才能达到好的教育成果，也才是父母真正爱孩子的表现。指出“父母威严而有慈，则子女畏慎而生孝矣”。父母既威严又慈爱，那么子女就会敬畏谨慎，并由此生出孝心，“使为则为，使止则止”。

其次，颜之推主张家庭教育要一视同仁，平等教育。他认为，“贤俊者自可赏爱，顽鲁者亦当矜怜”，意思就是既应该赏识、喜爱贤能俊秀的孩子，也应该同情、怜惜顽劣愚钝的孩子，这样才能保证孩子的身心健康发展，不断进步。“有偏宠者，虽欲以厚之，更所以祸之”，他认为那些有偏爱之心的父母，虽然本意是想厚待自己偏爱的孩子，反而因此害了他。

最后，颜之推重视父子关系，强调父子之间应有礼节，认为父子之间虽然有着骨肉亲情，但也不能过于亲昵和不拘礼节，要以礼为重。否则，父亲的威严就无从体现，孩子也会因为过分溺爱而养成骄横的坏习惯。

希望你们兄弟之间有情有义

◎陶渊明

4 希望你们兄弟之间有情有义

——陶渊明《与子俨等疏》

【导读】

陶渊明（约 365—427），字元亮，号五柳先生，谥号靖节先生，入刘宋后改名潜。东晋末期南朝宋初期诗人、文学家、辞赋家、散文家。东晋浔阳柴桑（今江西九江）人。曾做过几年小官，后辞官回家，从此隐居。他开创了田园诗派的先河，被称为“隐逸诗人之宗”，也是中国田园诗的开山鼻祖。相关作品有《饮酒》《归园田居》《桃花源记》等。陶渊明大约五十出头时，因经历一场病患，在“自恐大分将有限”的心情下，给五个儿子写下了这封家信。

✥【正文】

告俨、俟、份、佚、佟[1]：

天地赋命，生必有死，自古贤圣，谁独能免？子夏[2]有言："死生有命，富贵在天。"四友[3]之人，亲受音旨，发斯谈者，将非穷达不可妄求，寿夭永无外请故耶？

吾年过五十，少而穷苦，每以家弊，东西游走。性刚才拙[4]，与物多忤[5]。自量为己，必贻俗患，僶俛[6]辞世[7]，使汝等幼而饥寒。余尝感孺仲[8]贤妻之言，败絮自拥，何惭儿子？此既一事矣。但恨邻靡二仲[9]，室无莱妇[10]，抱兹苦心，良独内愧。

少学琴书，偶爱闲静，开卷有得，便欣然忘食。见树木交荫，时鸟变声，亦复欢然有喜。常言：五六月中，北窗下卧，遇凉风暂至，自谓是羲皇上人[11]。意浅识罕，谓斯言可保。日月遂往，机巧好疏，缅求在昔，眇然如何！

疾患以来，渐就衰损，亲旧不遗，每以药石见救，自恐大分将有限也。汝辈稚小家贫，每役柴水之劳，何时可免？念之在心，若何可言！然汝等虽不同生，当思四海皆兄弟之义。鲍叔、管仲，分财无猜；归生、伍举，班荆道旧[12]。遂能以败为成，因丧立功。他人尚尔，况同父之人哉！颍川韩元长，汉末名士，身处卿佐，八十而终，兄弟同居，至于没齿[13]。济北氾稚春[14]，晋时操行人也，七世同财，家人无怨色。《诗》曰："高山仰止，景行行止。"虽不能尔，至心尚之。

汝其慎哉！吾复何言。

❖【注释】

[1] 俨（yǎn）、俟（sì）、份（bīn）、佚（yì）、佟（tóng）：陶渊明的五个儿子，分别叫陶舒俨、陶宣俟、陶雍份、陶端佚、陶通佟。

[2] 子夏：姓卜，名商，字子夏，春秋时卫国人，孔子的学生。

[3] 四友：孔子的学生颜回、子贡、子路、子张，为孔子四友。子夏与他们是同辈。

[4] 性刚才拙：性格刚直，才能拙劣，指不会逢迎取巧。

[5] 忤（wǔ）：逆，违背。

[6] 僶俛（mǐn miǎn）：勉力，努力。

[7] 辞世：指辞去世俗事务，即辞官归隐。

[8] 孺仲：东汉王霸，字孺仲，太原人。《后汉书·逸民列传》说他“少有清节。及王莽篡位，弃冠带，绝交宦，以病归。隐居守志，茅屋蓬户。连征不至，以寿终”。

[9] 二仲：指汉代的两位隐士求仲、羊仲。求仲后来也用以隐士的代称。

[10] 莱妇：老莱子的妻子。老莱子为春秋时楚国人，隐士，侍奉父母至孝，为古代二十四孝之一。老莱子在蒙山之南隐居躬耕时，楚王用重礼来聘请他做官。妻子竭力劝止他说：“今先生食人酒肉，受人官禄，为人所制也，能免于患乎？”老莱子便与妻子一起逃隐于江南。

[11] 羲皇上人：太古之人。羲皇，即伏羲氏，古代传说中的上古帝王。

[12] 班荆道旧：在地上铺上荆草坐下来叙旧。班：布列；道旧：叙旧。

[13] 没齿：终身、一辈子。

[14] 汜（fàn）稚春：名毓，字稚春，西晋时人。《晋书·儒林传》说他家累世儒素，九族和睦，到汜毓时已经七代。

❖【点评】

陶渊明希望儿子们能够休戚与共

在这封告诫色彩浓厚的书信中，陶渊明以自身遭遇和志向为例，告诉儿子们自己性情刚直，在官场上不知变通和无逢迎取巧之能的真实情况。陶渊明向儿子们吐露衷肠，倾诉心声，并解释立场，进而期盼儿子们谅解。其中所流露的是因自己辞官归田，乃至累及儿子受极寒之苦的无奈、遗憾和愧疚不安。

陶渊明要求儿子们要安于贫贱、互相帮助、团结一心。为此举古人“鲍叔、管仲，分财无猜”，“归生、伍举，班荆道旧”，以及近人颍川韩元长和济北氾稚春为例，反复教诲。

“兄弟同心，其利断金。”陶渊明之所以特别强调几个儿子要团结，也是希望他们能够兄弟齐心、共渡难关、共创辉煌。

你马上要离开我了，
悲伤之情怎么能消除

◎李世民

⑤ 你马上要离开我了，悲伤之情怎么能消除

——李世民《诫吴王恪书》

【导读】

李世民（599—649），即唐太宗，唐代第二个皇帝，626—649年在位，政治家、军事家。常以隋亡为戒，在政治、经济、军事等方面进行了一系列改革，巩固了唐王朝的统治，史称“贞观之治”。这是李世民写给他的儿子吴王李恪的，当时李恪正前往封地。

【正文】

吾以君临兆庶，表正万邦。汝地居茂亲，寄惟藩屏，勉思乔梓[1]之道，善侔闲平之德，以义制事，以礼制心。三风十愆[2]，不可不慎。如此，则克固磐石，永保维城。外为君臣之忠，内有父子之孝。宜自励志，以勖[3]日新。汝方违膝下，凄恋何已，欲遗汝珍玩，恐益骄奢。故诫此一言，以为庭训。

【注释】

[1] 乔梓：乔木、梓木为两种高矮不同的树木，后遂以“乔梓”比喻父子。

[2] 愆（qiān）：罪过，过失。

[2] 以勖（xù）：勉强。

【点评】

君王的慈爱和深情

李恪是李世民的第三个儿子，他的母亲即隋炀帝的女儿杨妃。李恪英武果敢，深得李世民宠爱，认为他“英果类我”，曾多次想要立李恪为太子。

在这封家训里，李世民既是君王又是父亲，所以既谈了国事也谈

了家事。身为君王，李世民告诫儿子要“努力思考君臣父子的道理，好好谋求道德修养的规范，以正义来处理事务，以礼教来赢得民心。各种坏毛病，不能不谨慎。如果这样，就能像坚固的磐石那样，永远保卫着国家”。身为父亲，李世民饱含深情地对李恪说：“你马上要离开我了，悲伤之情怎么能消除，我本来想送你一些珍贵的玩意，又怕你会更加骄傲奢侈，因此给你留下这些诫言，作为我们家的训诲。”

把你的衣服寄来，以便我想你的时候穿上

◎ 爱新觉罗·玄烨

⑥ 把你的衣服寄来，以便我想你的时候穿上

——爱新觉罗·玄烨写给皇太子胤礽的信

【导读】

爱新觉罗·玄烨（1654—1722），清朝第四位皇帝，年号“康熙”。康熙8岁登基，14岁亲政，在位61年，是中国历史上在位时间最长的皇帝。康熙奠定了清朝兴盛的根基，开创出“康乾盛世”的局面。这封信是康熙在亲征噶尔丹的途中写给太子的，表达了对太子的思念之情。

❖【正文】

谕皇太子：

朕帅军征战之时，军务在身，无暇他思。今胜负已定，噶尔丹[1]逃遁，我军穷追不舍。当此之时，班师返归，一路欣悦，朕不由思念太子[2]，何得释怀。今天气已热，将你所穿棉衣、纱衣、棉葛布袍（等）四件，褂子四件，一并捎来。务必拣选你穿过的，以便皇父想你时穿上。

庚辰。上驻跸塔尔奇喇地方

❖【注释】

[1] 噶尔丹：清朝时蒙古分为漠南蒙古、漠北蒙古和漠西蒙古三个部分。除了漠南蒙古早已归属清朝外，其他两部也都臣服了清朝。准噶尔是漠西蒙古的一支，本来在伊犁一带过游牧生活。自从噶尔丹统治准噶尔部以后，他野心勃勃，先兼并了漠西蒙古的其他部落，又向东进攻漠北蒙古。漠北蒙古抵抗一阵失败了，几十万的漠北蒙古人逃到漠南，请求清朝政府保护。康熙帝派使者到噶尔丹那里，叫他把侵占的地方还给漠北蒙古。噶尔丹自以为有沙俄撑腰，十分骄横，不仅不肯退兵，还以追击漠北蒙古为名，大举进犯漠南。康熙在位时，曾经三征噶尔丹。最终噶尔丹走投无路，只得服毒自杀。

[2] 太子：即皇次子爱新觉罗·胤礽（1674—1725），乳名保成，清圣祖玄烨第二子，母为仁孝皇后赫舍里氏。因其胞兄、嫡长子承祜幼殇，故在胤礽刚满周岁时被确立为皇太子。胤礽自幼聪慧好学，文武兼备，不仅精通儒家经典、历代诗词，而且熟练弓马骑射；长成后代康熙皇帝祭祀，并数次监国，治绩不俗，在朝野内外颇具令名。因为触怒康熙帝，曾先后两次被废，后幽禁而死，被追封为和硕理亲王。

✤【点评】

物极必反，对子女的爱不能太过

这封书信表达了康熙的舐犊之情，着实让人感动。皇太子胤礽接到父亲书信后，立即写了一封回信："伏阅慈旨，得知皇父眷恋儿臣之心，不禁热泪涌流，难以自已。"他按照皇父的要求，从自己所穿的衣物内精心挑选秋香色棉纱袍数件，派专人送给皇父。六月初于口外诺海朔地方，康熙穿着太子的衣服与前来迎接他的太子相见，彼此都是喜不自胜。

自从宣布册立胤礽做皇太子以后，作为父亲的康熙皇帝就自任他的启蒙老师。皇太子年龄稍长，为了把皇太子胤礽培养成未来的孝子圣君，康熙皇帝为其聘请当时名儒、曾为自己经筵讲官的张英、李光地、熊赐履、汤斌等，对其进行良好的教育。胤礽成人以后，康熙皇帝竭尽全力巩固太子的地位，维护太子的权威，对于藐视皇太子的臣子，不管他们职位多高，权力多大，也严加打击，毫不留情。

然而，世界上的很多事情往往过犹不及、物极必反，康熙对胤礽的过度宠爱，导致胤礽极为骄纵，甚至养成了暴戾的性情。有一次，胤礽还动手鞭挞平郡王纳尔苏和贝勒海善，太子如此暴戾不仁，连朝鲜使节都说如果太子当政的话，"必亡清国"。

后来康熙废除胤礽的太子之位，历数他的种种不孝之行："你幼弟十八阿哥病危，我日夜照料，焦虑万分，你身为兄长，竟然可以无动于衷，你这样毫无孝悌的人，怎么能当太子？你还在深夜里向我的帐殿窥视，难道你是想看我死了没有吗？”

胤礽被废太子后，于 1725 年 1 月 27 日病逝于禁锢地紫禁城咸安宫，终年 51 岁，结束了他悲剧的一生。

如果不能正确地爱孩子，反而会害了他

◎纪晓岚

⑦ 如果不能正确地爱孩子，反而会害了他

——纪晓岚《寄内子论教子书》

【导读】

纪晓岚（1724—1805），名昀，号石云，直隶献县（今河北）人。清朝学者、文学家。以学问文章得天下众望，晚年领修《四库全书》，而所作《阅微草堂笔记》，俶诡奇谲，无所不备，颇为脍炙人口。这是纪晓岚给夫人的一封关于教育孩子的家书，他希望儿子做到“四戒四宜”。

✥【正文】

父母同负教育子女责任。今我寄旅京华，义方之教，责在尔躬。而妇女心性，偏爱者多。殊不知爱之不以其道，反足以害之焉。其道维何？约言之有四戒四宜：一戒晏起，二戒懒惰，三戒奢华，四戒骄傲。既守四戒，又须规以四宜：一宜勤读，二宜敬师，三宜爱众，四宜慎食。以上八则，为教子之金科玉律，尔宜铭诸肺腑[1]，时时以之教诲三子。虽仅十六字，浑括无穷。尔宜细细领会，后辈之成功立业，尽在其中焉。书不一一，容后续告。

✥【注释】

[1] 铭诸肺腑：牢牢铭记在心里，比喻永记不忘。

✥【点评】

纪晓岚的家训“教子八则”

纪晓岚曾官至一品，才华卓著，还是《四库全书》的总纂修官。因常年官居在外，孩子主要由夫人养育，他深知“妇女心性，偏爱者多”的规律，所以写信给夫人说明应如何教育子女，告诉夫人溺爱孩子反

而害了他们。

纪晓岚的“教子八则”，即认为教育孩子应该四戒四宜：“一戒晏起，二戒懒惰，三戒奢华，四戒骄傲。既守四戒，又须规以四宜：一宜勤读，二宜敬师，三宜爱众，四宜慎食。”虽然只有短短几十个字，却涵盖了身体健康、生活习惯、品德养成、行为习惯、学习习惯、为人处世等方面的道理。

孩子啊！母亲不能用千言万语去教育你了

◎ 赵一曼

8 孩子啊！母亲不能用千言万语去教育你了

——赵一曼写给儿子的绝笔信

【导读】

赵一曼（1905—1936），原名李坤泰，在东北从事抗日斗争时化名赵一曼，四川宜宾人。中国共产党员，抗日英雄，曾就读于莫斯科中山大学，毕业于黄埔军校六期。1928 年 4 月，赵一曼与湖南人陈达邦结婚，婚后产下一子，取名“宁儿”。1930 年，赵一曼带孩子回到上海，把孩子寄养在陈达邦大哥陈岳云家，母子俩从此生死两茫茫。1935 年，赵一曼担任东北抗日联军第三军二团政委，在领导东北抗日活动中被俘。狱中，日本人动用酷刑，她始终坚强不屈，没有吐露任何实情。日军最终决定把她送回她曾经战斗过的地方——珠河县，当众处死。在赵一曼牺牲之前，想到六年未曾见面的儿子，留下了这封绝笔信。

❖【正文】

宁儿：

母亲对你没有尽到教育的责任，实在是件遗憾的事情。

母亲因为坚决地作了反满抗日的斗争，今天已活到了牺牲的前夕了！

母亲和你在生前是没有再见面的机会了。希望你，宁儿啊！快快成人，来安慰你地下的母亲！我最亲爱的儿子啊：母亲不用千言万语来教育你，就用实行来教育你！在你长大成人之后，希望不要忘记你的母亲是为国而牺牲的！

一九三六年八月二日你的母亲赵一曼于车中

❖【点评】

实际行动胜过千言万语

赵一曼给儿子的信主要表达了一个母亲对孩子的爱、歉意及希望。赵一曼将全身心投于革命事业，将毕生精力都奉献给了抗日行动，她对于宁儿的母爱是欠缺的、是不完整的。但是，一个母亲对孩子的爱终究伟大而深沉，赵一曼也将最后的希望与祝福送给自己的儿子，希望他能早日报效国家。

这封信亲切地唤着宁儿，字字饱含母爱。这些年她没能看着自己的儿子茁壮成长，也没能将爱国这个理念教给儿子，真是一件憾事。如今她就要去了，要为国捐躯了，只希望儿子能记住母亲。母亲教育他的实际行动胜过了千言万语。

新中国成立后，电影《赵一曼》在全国热映，女英雄的名字家喻户晓，观众中也有宁儿。1957 年，当原东北抗联组织部的工作人员到赵一曼的家乡四川宜宾进行烈士身份核实时，宁儿才第一次知道了母亲的身份。知道赵一曼就是自己的母亲之后，宁儿曾专程前往东北，在东北烈士纪念馆，用笔抄下了这封遗书。然后，他用钢笔在自己手上刺了赵一曼三个字，直到去世，那三个字仍留在他手上。

如今，这封写自 1957 年的手抄家书，传到了赵一曼孙女陈红的手上。

陈红说，自己后来也做了母亲，对这封家书的感慨越来越多，不管奶奶的革命意志多么强，最后她还是回归到一个母亲的身份，她最后希望父亲不要忘记她是为国牺牲的，说明她是为了更多孩子而舍去了自己的孩子。

赵一曼曾写下《滨江述怀》：

誓志为人不为家，涉江渡海走天涯。
男儿岂是全都好，女子缘何分外差？
一世忠贞兴故国，满腔热血沃中华。
白山黑水除敌寇，笑看旌旗红似花。

这首诗表明了她不曾吝惜自己的生命，愿意为国家抛头颅、洒热血，愿意将生命献给国家的决心，可谓巾帼不让须眉。“笑看旌旗红似花”表明了她对革命事业必定会胜利的信心，体现出她浪漫的革命乐观主义精神。

开国元勋聂荣臻评价赵一曼：“赵一曼同志早在二十年代就参加了我党领导的轰轰烈烈的革命斗争，并为民族解放献出最宝贵的生命！表现了中华女儿的英雄气概和共产党员的高贵品质。她的伟大的英雄形象和光辉业绩永远激励着中华儿女坚毅不拔开拓前进，为全人类的解放奋斗不息！抗日民族英雄赵一曼烈士永垂不朽！”